D1865358

Marion Gräfin Dönhoff

Der Effendi wünscht zu beten

Marion Gräfin Dönhoff

Der Effendi wünscht zu beten

Reisen in die vergangene Fremde

Siedler Verlag

Inhalt

Vorwort

Kürzlich stieß ich zufällig auf meine ersten Reiseberichte aus Afrika und Asien. Sie liegen zum Teil ein halbes Jahrhundert zurück, aber die Welt, die da vor meinen Augen wiedererstand, schien noch viel weiter entfernt, sowohl, was das Reisen anbetrifft – kein Journalist würde heute so reisen –, als auch, was das Leben der Einwohner jener Länder angeht.

Mir ist bei dieser Lektüre klar geworden, wie weit die »Globalisierung«, von der heute meist als Zukunftsperspektive gesprochen wird, wie weit sie inzwischen schon gediehen ist. Damals hatte jene Welt, die wir heute die »Dritte Welt« nennen, noch etwas Märchenhaftes, unglaublich weit entferntes.

Dies ist der Grund, warum es sinnvoll erschien, einige dieser Artikel jetzt noch einmal zu veröffentlichen, wobei ich der Versuchung nicht widerstehen konnte, auch noch ein paar Berichte anzufügen, die nicht aus der Dritten Welt stammen, aber auch von den großen Veränderungen zeugen, die stattgefunden haben, und die darum interessant sein mögen.

Menschen im Abteil

Jede Eisenbahnfahrt ist ein Erlebnis. Nicht nur, weil man immer von neuem darüber staunt, wieviel Menschen in einen Waggon hineingehen und wie mannigfaltig die Variationsbreite der verschiedenen Temperamente ist – also nicht nur wegen dem, was drinnen im Wagen vor sich geht, sondern auch in bezug auf das, was draußen vorüberzieht. Wobei dies nun wirklich eine optische Täuschung ist, denn das »Draußen«, das Fremde in dem objektiven Bild der Landschaft, sind doch zweifelsohne die Reisenden beziehungsweise der Zug. Wahrscheinlich liegt es an diesem Subjekt-Objekt-Wandel, daß mich Eisenbahnfahren immer traurig macht. Es ist etwas Merkwürdiges, wenn aus dem, was eigentlich das Leben ist, eine Landschaft wird, die an einem vorbeigleitet mit Stoppelfeldern, Kartoffelfeuern und weidendem Vieh – flüchtige Bilder, die man nicht festhalten kann und für die man selber nur ein Fremdling ist.

Dieser schon herbstliche Nachmittag mit dem südlichen blauen Himmel des bayrischen Vorgebirges ist von einer seltsamen Wehmut umwoben. Eine alte Frau klagt mit monotoner Stimme über die Ungastlichkeit dieses Landes, in das der Bombenkrieg sie verschlagen hat; sie träumt von ihrer Heimat, dem Ruhrgebiet, wo ihr Mann ein kleines Häuschen hatte mit einem Garten, in dem im Herbst die Dahlien blühten. Dreißig Jahre hatten sie beide gearbeitet, und als dann der Traum ihres Lebens Wirklichkeit geworden war, kamen der

Krieg und die Bombenangriffe, und ein Schutthaufen war alles, was von den Leiden und Freuden dieses Lebens zurückblieb. Niemand antwortet, die Mitreisenden hängen alle ihren eigenen Gedanken nach.

Die Buchenwälder verfärben sich schon, und einzelne Birken stehen lichtgelb neben den roten Vogelbeeren. Plötzlich höre ich die Stimme des jungen Polen von gegenüber fragen: »Du auch Heimweh?« Ich bin ganz betroffen von soviel Hellsichtigkeit, und er fügt hinzu: »Bei uns die Wälder jetzt auch schön.« Damit lassen wir es im wesentlichen bewenden, denn die Gewißheit unserer Brüderlichkeit ist tiefer als der Sprachschatz und läßt sich nur noch mit einer Zigarette bekräftigen. Merkwürdig, zu denken, daß niemand nach Haus kann, wir nicht, weil unser Land so klein geworden ist, und er nicht, obgleich das seine soviel größer und geräumiger geworden ist. Es tut mir jetzt leid, daß ich beim Einsteigen gedacht habe, ob wohl der Vorbesitzer seiner Jacke, die aussieht, als habe sie bessere Tage auf Golfplätzen und internationalen Turnieren gesehen, ihretwegen sein Leben vielleicht hat lassen müssen. Überhaupt sind plötzlich alle Aspekte verändert, und alle Mitreisenden erscheinen mir irgendwie liebenswert.

Da ist zum Beispiel noch eine auffallende ältere Dame, eine Wienerin, die trotz ihrer abgerissenen Kleidung und einem Sack als einzigem Gepäckstück etwas unglaublich Souveränes hat. Sie spricht leise und scheu, eigentlich mehr zu sich selbst als zu ihrem Gegenüber, und ihre Gesten sind wie die einer großen Künstlerin. Ich muß an jene Frau denken, von der Rilke spricht, die jeden Tag um eine bestimmte Stunde im Jardin Luxembourg in einem grünen Kleide saß, jahraus, jahrein und auf ihren verschollenen Geliebten wartet. Sicher ist sie ihr ähnlich gewesen. Sie kommt aus einem tschechischen Lager, und man muß dankbar sein für ihren Entschluß, uns nichts zu erzählen von dem, was sie erlebt hat. Jetzt fährt sie zu ihrem Mann, der in einem Dorf im Allgäu Zuflucht gefunden hat, und ist wie ein Kind, verwundert und beglückt über die Berge und die Hilfsbereitschaft der Menschen.

Sie hat ihren Mann zwei Jahre lang nicht gesehen – »zwei Jahre, und ich hätte früher nie gedacht, daß ich eine Trennung überleben könnte, die länger als ein Tag wäre. Manchmal bin ich heimlich in die Akademie gegangen, wo er arbeitete, nur um ihn einmal über den Flur gehen zu sehen, weil es mir so unerträglich lang schien bis zu seiner Rückkehr.«

Und dann macht sie zahllose Pläne, wie sie es anstellen könne, ihn durch ihr unvorhergesehenes Erscheinen nicht zu erschrecken. Sie plant, verwirft und prüft von neuem. Vielleicht könnte sie von der Bahn einen Boten über Land schicken, der ihm bestellt, ein Herr aus Wien sei auf der Bahn und möchte ihn sprechen? Bedenken bei ihrem Gegenüber: »Wer sollte wohl so spät am Abend acht Kilometer über Land gehen«? – »Bezahlen«? – »Für Geld tut hier keiner was.« – Sie sieht ganz hilflos aus bei diesen Einwendungen, und alle Beteiligten sind ebenfalls ratlos gegenüber soviel Weltfremdheit. Vielleicht ist es die allgemeine Ratlosigkeit, die diese seltsame Atmosphäre der Gemeinsamkeit erzeugt.

Was heißt eigentlich »Weltfremdheit«, frage ich mich. Ist diese merkwürdige Frau, die mit der sogenannten Realität so wenig vertraut ist, der Wirklichkeit nicht viel näher als die andern, die sich »mitten im Leben« meinen?

Und woher kommt es, daß diese Summe von Sorgen, Kummer und Heimweh, die der Zufall in denselben Waggon gepackt hat und die gewöhnlich sehr rasch eine Atmosphäre von Gereiztheit und Rücksichtslosigkeit erzeugt, menschlich angesprochen, plötzlich das ihnen allen Gemeinsame und sie Verbindende entdeckt?

Vielleicht würden die Welt und die Menschen ein anderes Gesicht bekommen, wenn nicht immer nur gesagt würde, wie die Menschen wirklich sind, sondern wenn sie es öfter erführen würden an ihren Nächsten oder an sich selber.

September 1947

Die afrikanische Welt

Die Khamas sind eine große Familie

Ich hatte Pilikwe in Betschuanaland auf keiner Karte finden können. Nur Serowe war verzeichnet, die Hauptstadt des Protektorats, wo der britische *Commissioner* residiert und wo Tseretse Khama mit seiner Frau und vier gelbbraunen Kindern lebt. Aber nicht zu ihnen wollte ich, sondern zu der Familie seines Onkels Tschekedi Khama, der im Jahre 1953 aus Serowe auszog und das Dorf Pilikwe gründete. Das war damals, als der große Streit um den Häuptlingsthron der Bamangwato endete, der jahrelang das englische Unterhaus und die Weltpresse beschäftigt hatte:

Tseretse, der Anwärter auf die Häuptlingsschaft, war als junger Student nach Oxford und London gegangen, während sein Onkel Tschekedi sozusagen als Prinzregent oder, wie es hier heißt, als *ruler* – als Herrscher also – das Reich der Dornenbüsche und *cattle posts* bis zur Rückkehr des Kronprinzen regierte. Dieser Onkel hatte damals, im September 1948, plötzlich einen Brief aus London erhalten, in dem der Neffe ihm mitteilte, werde ein weißes Mädchen namens Ruth Williams heiraten.

Diese Nachricht hatte wie eine Bombe im Hause Khama eingeschlagen, denn die Bamangwatos und vor allem Tschekedi selbst waren sich klar darüber, daß damit die ruhmreiche lange Geschichte des Hauses Khama ein Ende finden werde. Für sie stand fest, daß Kinder aus einer solchen Ehe ganz gewiß weder Bamangwatos noch richtige Engländer werden würden.

Die Stammesältesten waren auf diese alarmierende Nachricht hin sogleich zusammengetrommelt worden und hielten endlose Beratungen ab. Im Mai 1950 beschloß dann schließlich die englische Regierung, Tseretse – der seinen Entschluß inzwischen in die Tat umgesetzt hatte – die Rückkehr nach Betschuanaland für fünf Jahre zu untersagen und ihn nicht als Häuptling anzuerkennen.

Es hatte mancherlei Bruder- und Bürgerkriege in der bewegten Geschichte der Bamangwatos gegeben, und Tschekedi, ein Mann von großer Weisheit und Lauterkeit, war daher entschlossen, keinen Anlaß zu Verdacht oder Kritik zu geben. Darum ging er für die Dauer der Verbannung Tseretses außer Landes und ließ sich mit seiner Frau Ella jenseits der Grenze bei den nachbarlichen Bakwena nieder und blieb dort, bis – eben im Jahre 1953 – ein Vertrag zwischen allen Beteiligten zustande kam, der die beiden Khamas auf die Häuptlingswürde verzichten ließ und ihnen gestattete, wieder in die Heimat zurückzukehren.

Seither lebt Tseretse mit seiner Familie in Serowe, Tschekedi aber zog nach Pilikwe. Tschekedi ist im vorigen Jahr gestorben, aber seine Frau und die Kinder leben noch dort; und da wir durch gemeinsame Freunde verbunden sind, war ich eingeladen, sie zu besuchen.

So hatte ich denn eines Abends in Salisbury, der Hauptstadt der Rhodesischen Föderation, den Zug genommen, war eine Nacht und einen Tag lang gereist und saß nun am Fenster des Abteils, den Finger auf der Karte, und verglich die dort verzeichneten Stationen mit den fremdartigen Namen der kleinen Stationen draußen, um ja nicht Palapye zu verpassen, denn dort, hatte man mir gesagt, müsse ich aussteigen. Jemand würde mich dort abholen, so war es brieflich verabredet worden, aber wer und wie und wohin, das war im dunkeln geblieben.

Endlich sah ich vor dem kleinen Stationsgebäude, bei dessen Auftauchen der Zug sich verlangsamt hatte, das lang ersehnte Schild Palapye. Ein Bahnsteig wie in Löwenhagen in Ostpreußen. Nur daß ich das einzige »Weißgesicht« war, das hier ausstieg. Ich hatte gleich unter verschiedenen dort Herumstehenden Ella Khama entdeckt. Das mußte sie sein: etwa vierzigjährig, europäisch gekleidet (wie alle in Betschuana), schwarzes Kleid, darüber ein grauer Staubmantel und auf dem Kopf ein kleiner Hut aus schwarzem Bast und darunter ein ausdrucksvolles Gesicht mit einem traurigen Zug um den Mund.

Leise Beklommenheit bei der Begrüßung – beiderseits. Eine Begrüßung, die sich auf verschiedene Männer in Khakihose und hellem Hemd ausdehnte. Offenbar Verwandte, die zufällig anwesend waren und die ich später nie wieder gesehen habe, die sich aber den Gast aus Europa bei der Gelegenheit doch einmal hatten anschauen wollen. Informiert sein, wissen, wer wo war und wer was erlebt und gehört hat, das ist innerhalb der schwarzen Gesellschaft von größter Wichtigkeit.

Dann stiegen wir in einen großen, türkisfarbenen Ford und brausten Richtung Südwesten davon, gefolgt von einer dicken, roten Staubwolke. Zunächst war es eine verhältnismäßig breite Straße, die letzte Viertelstunde aber bewegten wir uns auf einem schmalen Pfad, einer Art »Reitweg«. Der Fahrer (ebenfalls Khakihose und Hemd – aber beides zerrissen) schien die magische Fähigkeit zu haben, den Wagen je nach Bedarf zu verwandeln: Er wurde lang und dünn, wenn die Sträucher den Weg immer mehr einengten, und verwandelte sich in einen Tausendfüßler, wenn es galt, Bodenwellen und Löcher unmerklich zu überwinden.

Schließlich blieben Busch- und Strauchwerk hinter uns, der Blick weitete sich, und man sah im letzten

Glanz der Abendsonne das Dorf Pilikwe am Fuße zweier langgestreckter Hügel liegen. Wie ein riesiges Zeltlager wirkten von ferne die Lehmhütten mit den schönen runden Strohdächern. Jeder Clan umgibt die Häuser seiner Familienangehörigen mit einer Mauer von Pfählen, die eingegraben und eingerammt werden – ich glaube, Palisadenzaun nennen wir so etwas.

Die Innenausstattung der Häuser, deren Durchmesser etwa sieben Meter beträgt, variiert je nach gesellschaftlichem *standing*. Die wenigen Würdenträger verfügen über Betten und Stühle, wer zuunterst auf der sozialen Leiter steht, hat erschreckend wenig aufzuweisen. Ein paar Felle, die nachts auf dem Lehmboden ausgebreitet werden und auf denen man schläft, in einer Ecke ein paar Kochtöpfe und ein bißchen Holz und irgendwo eine alte Kiste, in der das wenige Hab und Gut, das sie ihr eigen nennen, aufgehoben wird. Manchmal fehlt sogar sie.

Das Tor in Khamas Palisadenzaun stand weit offen. Wir fuhren hinein. Vor uns ein nettes, einfaches Haus und rechts und links wieder die runden Lehmhütten: weißgekalkt mit einem Vorplatz von gestampftem Lehm, der seinerseits wieder von einer niedrigen Lehmmauer eingefaßt ist.

So eine Lehmhütte zu bauen dauert drei bis vier Tage. Es bedarf dafür keinerlei Zutaten, die man nicht selbst gewinnen könnte. Wenn man sehr üppig ist, kauft man eine Handvoll Nägel für die Dachkonstruktion, aber im allgemeinen benutzt man einfach Rindenbast als Bindematerial. Wie in allem, so ist auch hierbei seit Urzeiten sehr genau festgelegt, wer was zu tun hat: die Männer erstellen das Holzgerüst, auf dem das Dach ruht, und fertigen die Strohdächer an; für die primitiveren und weniger haltbaren Grasdächer ist der weibliche Teil der Familie zuständig.

Eine recht emanzipierte, gescheite Lehrerin, die ich traf, als sie gerade ihr Haus ausbesserte, meinte etwas ärgerlich: »Die Männer könnten ruhig was mehr tun, wir haben es ohnehin schwer genug – immer diese Wasserschlepperei…«

Sie, die in einem anderen Dorf unterrichtete, erzählte eindrucksvoll von den großen Anstrengungen, die viele Kinder auf sich nehmen müssen, um der Segnung einfacher Volksschulbildung teilhaftig zu werden. In ihrer Schule beispielsweise haben manche Kinder Entfernungen von zwölf Kilometern – also hin und her vierundzwanzig Kilometer am Tag – zurückzulegen. Sie bekommen meist nur einmal am Tage eine Mahlzeit, nämlich erst nachmittags, wenn sie aus der Schule zurückkommen. Denn Betschuana ist ein armes Land, und wenn, wie in diesem Jahr, der Regen ausbleibt und der Mais im Felde so vereinzelt steht, daß es aussieht, als habe man junge Bäume gepflanzt, dann müssen viele Leute für Monate den Gürtel ins letzte Loch schnallen.

Übrigens sind die erwachsenen Afrikaner manchmal ebenso wissensdurstig und lernbeflissen wie ihre Kinder. Oft wandern auch sie nach Arbeitsschluß noch kilometerweit über Land in eine Schule, um lesen und schreiben zu lernen. Und in den Städten sieht man gelegentlich, wie sie sich nachts den Schein einer Straßenlaterne zunutze machen; da sitzen sie dann auf dem Bürgersteig und studieren das Alphabet oder irgendeine Lektion.

Doch zurück zu Khamas Haus: Das erste, worauf mein Blick im Wohnzimmer fiel, das zugleich als Eßzimmer dient, war ein großer, bunter Stich: da sitzt der alte Lord Astor auf einem Jagdstuhl, neben ihm steht sein Stallmeister, und vor beiden defiliert in einer lichten Frühlingslandschaft eine Stutenherde mit ihren Fohlen. Merkwürdig, das alte Clivden an der Themse, diese typisch englische Landschaft, hier im tiefsten Afrika im Hause eines schwarzen Häuptlings wiederzusehen. Selten noch war mir der Begriff des Empire, nicht als Imperium, sondern als Geflecht weltweiter menschlicher Beziehungen, so deutlich geworden.

Inzwischen war die Sonne untergegangen, und der Himmel hatte sich rot verfärbt. »Ich hätte gern, daß Sie meiner Tante guten Tag sagen« – die Hausfrau sah mich fragend an, und wir wanderten beide über den Vorplatz zu einer der runden Hütten. *My aunt,* offensichtlich das älteste Familienmitglied, spielte wahrscheinlich aus diesem Grunde eine große Rolle in Pilikwe. Jeden Morgen galt ihr der erste Gang. Man saß dann ein Weilchen neben der resoluten alten Dame und wechselte unverständliche Worte mit ihr, denn zu meinem größten Leidwesen beherrschte sie nur die Sprache ihres Stammes, was uns aber beide nicht hinderte, diese gestenreiche Plauderei sehr zu genießen. Und jeden Abend versammelte man sich dann wieder dort.

So geschah es auch an jenem ersten Tage, der mir unauslöschlich in Erinnerung ist. Wir saßen vor der Hütte, allmählich verblaßte das Rot, der Himmel wurde fahl, und die Silhouetten der immer zahlreicher erscheinenden Gestalten, die auf der Mauer Platz nahmen und dort bewegungslos verharrten, sahen aus wie Barlachsche Figuren.

Die ersten Fledermäuse huschten über die Versammlung, und wenig später stand der erste Stern am Himmel. In diesem Moment strömten wie auf ein Signal alle Kinder zusammen. Man hörte ihre nackten Füße und federleichten Schritte in der Dunkelheit herannahen. Dann setzten, hockten und lagerten sie sich vor uns auf den Boden, und auf das Kommando von *my aunt*, die selber wie ein Bär dazu brummte, begannen sie zu singen: Choräle und Hymnen, flehende, traurige, getragene Gesänge, unterbrochen von tänzerischen Rhythmen.

Schließlich schien das Repertoire erschöpft, niemandem fiel mehr etwas ein. Der Himmel war inzwischen über und über besät mit Sternen. Und nun ließ sich die alte Dame geräuschvoll ächzend auf die Knie nieder und begann, den Kopf gegen die Mauer gelehnt, ein langes Gebet zu sprechen. Es war offenbar kein vorbereitetes oder auswendig gelerntes Gebet, sondern gleichsam ein improvisierter Monolog, in dem die Ereignisse des Tages noch einmal vor Gottes Angesicht rekapituliert wurden.

Die Kinder knieten ebenfalls alle, den Oberkörper vornübergebeugt, die Stirn auf den Erdboden oder den Kopf auf die verschränkten Arme gelegt. Es war ganz still, man hörte nur die Grillen ihr uraltes afrikanisches Lied zirpen und die Stimme der alten Frau. Plötzlich hatte sich deren Rhythmus verändert, und mit einemmal erkannte ich die Diktion des Vaterunsers: Was für ein erstaunliches Erlebnis, hier, unweit der Kalahari, zu entdecken, wieviel die Christen in der Welt auch ohne gemeinsame Sprache gemein haben.

Schließlich stand ein Kind nach dem anderen auf, sie verließen im Gänsemarsch mit gefalteten Händen den Vorplatz und verschwanden im Dunkel der Nacht. Von da an hörte man keinen Ton mehr von ihnen. Die wilden Spiele waren vorüber, der Tag zu Ende, und jeder kroch in seine Hütte.

Wir beide, meine Gastgeberin und ich, essen derweil zu Abend und sitzen noch eine halbe Stunde vor dem Haus unter dem hellen südlichen Sternenhimmel, dann gehen auch wir zu Bett. Ich schaue auf meine Uhr, es ist 1/2 9 Uhr abends. Ja, daran wird man sich wohl gewöhnen müssen, daß hier Sonnenaufgang und -untergang den Tagesrhythmus bestimmen, den kein elektrisches Licht verfälscht.

Man hört noch hier und da in der Ferne einen Hund bellen. Dann wird es endgültig Nacht. Und die nächsten Geräusche, die dann wieder aufkommen, die gehören schon zum neuen Tage: Ein Hahnenschrei-Konzert, das an einem Ende des Dorfes beginnt und sich, einer Kettenreaktion gleich, fortpflanzt.

Die Woche vergeht auf diese Weise. Jeder Tag bringt neue Erlebnisse, Gespräche und Entdeckungen, aber der Rhythmus ist immer der gleiche, und das Tagesende ist immer Sammlung, Ruhe, Frieden. Pilikwe ist ein Paradies.

Am Morgen hatten sich unter den beiden alten Bäumen vor dem Hause die Männer des Dorfes versammelt. Jeder hatte sich seinen Stuhl mitgebracht, und nun hörte man sie reden und lebhaft diskutieren. Ich habe nie irgendwo anders in der Welt einfache Leute erlebt, die so beredt, so sehr des Wortes mächtig sind wie die Afrikaner. Verschiedene Male habe ich Gerichtsverhandlungen mitgemacht im Belgischen Kongo und in Nigeria und habe immer wieder gestaunt über die Unbefangenheit und Suada, mit der die Parteien auf dem Dorf und auch vor europäischen Richtern auftreten.

Jene Versammlung, die an diesem ersten Morgen in voller Besetzung stattfindet, an der manchmal aber auch nur ein Dutzend Männer teilnehmen, ist ein Abglanz der *kgotla,* der großen Häuptlingsversammlung, die jahrhundertelang über die entscheidenden Fragen und Probleme des Stammes beraten und entschieden hat, Krieg und Frieden eingeschlossen. Die Beschlüsse, die dort gefaßt werden, sind das Produkt einer Mischung von Demokratie und Autorität. Denn auch der stärkste Häuptling muß versuchen, im Einklang mit der *public opinion* zu bleiben, und kann es sich nicht leisten, über die Meinung des Ältestenrates hinwegzugehen.

Tschekedi hat einmal seine Gedanken über diese

afrikanische Herrschaftsform niedergeschrieben. Es heißt in einem Aufsatz, den ich in seinem Arbeitszimmer fand: »Der Häuptling muß sich ständig davor hüten, den Glauben, den der Stamm in ihn setzt, zu mißbrauchen. Er darf diesen Glauben nie als ein Zeichen seiner eigenen politischen Überlegenheit mißdeuten.« Uralte Weisheit aller vordemokratischen patriarchalischen Herrschaftsformen.

Tschekedi war ein erstaunlich vielseitiger Mann. Er hat viel nachgedacht, gelesen und auch geschrieben und darüber nie die praktischen, das heißt die landwirtschaftlichen Probleme seines Stammes vergessen: so hat er durch Kreuzung mit südafrikanischen Bullen das Vieh seines Stammes verbessert und Versuche mit neuen Anbaumethoden gemacht. Vieh ist in Betschuana die Basis von allem und der Maßstab des Wohlstandes. Etwa die Hälfte der Bevölkerung lebt in Dörfern, die andere auf den *cattle posts,* also draußen in der Wildnis, wo das Vieh stationiert ist.

»Er war ein großer Häuptling«, so faßte ein Bewohner Pilikwes eines Tages seine Erzählung über Tschekedi zusammen, und nachdenklich setzte er hinzu: »Wir sind oft ganz ratlos ohne ihn – was soll jetzt aus all dem, was er begonnen hat, werden? Niemand weiß doch so genau, was er vorhatte.«

Eine jener weißgekalkten Lehmhütten neben seinem Hause diente Tschekedi als Arbeitszimmer. Erstaunlich, wie umfangreich und vielseitig seine Bibliothek ist: Da findet man ein ganzes Regal mit wichtiger Afrikaliteratur, darunter die elfbändige Geschichte Südafrikas. Ferner die Cambridge History of the British Empire, Churchills Memoiren, die blauen parlamentarischen Berichte und Gesetzessammlungen. Da steht der ganze Dickens und auch moderne amerikanische Literatur, beispielsweise John Steinbeck, und schließlich nicht zu vergessen: Hitlers »Mein Kampf« und Rauschnings »Tischgespräche«.

Die Khamas sind eine auffallend begabte Familie. Der bemerkenswerteste von allen war offenbar Tschekedis Vater, der als der große Khama oder auch König Khama in der Erinnerung der Bamangwatos weiterlebt. Von ihm gibt es ein eindrucksvolles altes Foto, auf dem man einen hochgewachsenen, vornehm aussehenden Afrikaner sieht. Das Bild ist 1890 in London aufgenommen worden. Noch heute wird gelegentlich diese Reise mit einer gewissen Ehrfurcht erwähnt: »Das war damals, als der große Khama nach England reiste...«

Die Reise ist aber auch wirklich denkwürdig und bemerkenswert: Der große Khama hatte 1885 den Engländern den noch heute gültigen Protektoratsvertrag aufgeschwätzt – das heißt, er hatte es mit Geschick fertiggebracht, sich dieses Gebiet von ihnen garantieren zu lassen, um das er seit Jahrzehnten mit den nachbarlichen Matabele blutige Kriege geführt hatte. Er seinerseits sicherte den Briten dafür den Rest Betschuanas zu, über den er im Grunde keinerlei Verfügungsgewalt hatte. Man sieht, Khama war ein großer Staatsmann.

Als fünf Jahre später Cecil Rhodes von der Südafrikanischen Union durch Khamas Land gen Norden, nach Rhodesien, zog, verbreitete sich sehr bald das glaubhafte Gerücht, Cecil Rhodes wolle auch das Protektorat Betschuana seiner Gesellschaft einverleiben. Khama, der alte Fuchs, der den gegenteiligen Versicherungen des *High Commissioner* nicht traute, beschloß, selber nach London zu reisen und der Sache auf den Grund zu gehen.

Er nahm noch zwei andere Häuptlinge mit und machte sich mit diesen 1890 kurz entschlossen und heimlich auf den Weg nach Kapstadt – der ersten Stadt, die sie in ihrem Leben zu sehen bekamen. Als die englischen Behörden in Betschuana schließlich ihr Fehlen bemerkten, waren die Reisenden bereits auf hoher See. Es muß eine unheimliche Unternehmung für sie alle gewesen sein, die ja nichts anderes kannten als die Dornensteppen Betschuanas: erst wochenlang auf einem schwankenden Schiff, dann Europa und schließlich die Weltstadt London.

In London angekommen, kauften die drei zunächst einmal Zylinder und schwarze Anzüge *(morning coat),* dann begaben sie sich zu Joe Chamberlain in die Downing Street No. 10. Der Außenminister war über das Erscheinen der Häuptlinge nicht sonderlich beglückt, denn in der Tat hatte die Regierung den Plan, das Protektorat der Gesellschaft des Cecil Rhodes – die bei den Afrikanern gar nicht geschätzt war – zu übertragen. Aber Khama gelang es in langen Verhandlungen, die Zusicherung zu erhalten, daß sein Land weiter unter dem Schutz »der großen Königin« bleiben werde.

Nachdem er dann auch »die große Königin«, wie er Queen Victoria nannte, im Schloß Windsor besucht hatte, überdies ein paar Jagden in England mitgeritten und viel auf der Insel herumgekommen war, reisten die drei befriedigt wieder ab und haben noch jahrelang an den Lagerfeuern Betschuanas von ihren Erlebnissen erzählt.

Doch Khama blieb besorgt über die Lage seines Stammes. Er verfaßte 1895 ein Memorandum für den britischen Außenminister, das in überraschend präziser Weise die ersten Eindrücke wiedergibt, die ein kluger Schwarzer von Cecil Rhodes und seinen weißen Kumpanen gewann.

»Wir fürchten die *company,* weil wir meinen, sie werde uns das Land nehmen und es an andere verkaufen. Wir fürchten, sie wird unser Land mit Schnapsläden übersäen... Wir haben auch Angst, weil wir sehen, daß es Leute sind, die keine Dankbarkeit kennen. Darum bitten wir, unter der Herrschaft der großen Königin (Queen Victoria) bleiben zu dürfen.«

In einem zweiten Brief werden diese Sorgen dann noch näher ausgeführt:

»Die Company hat die Matabele besiegt und deren Land genommen. Diese Methode kennen wir. Was soll aus unserem Vieh werden, wenn uns die Wasserstellen genommen werden? Es wird sterben. Die Company will uns verelenden, damit der Hunger uns dann zwingt, Diener des weißen Mannes zu werden, in seinen Bergwerken zu graben und den Reichtum für ihn zusammenzutragen.«

Welche Erkenntnis fünf Jahre nach dem Anrücken der ersten weißen Handelsgesellschaft! Gewisse Sorgen und Vorbehalte hatte Khama freilich gegenüber allen Weißen und nicht nur gegenüber Cecil Rhodes' Kumpanen. Darum riet er der englischen Regierung, nicht eigene Leute zu schicken, um Steuern zu erheben, sondern ihm zu sagen, wieviel Geld sie haben wolle, er werde es dann eintreiben. Begründung: »Wenn Weiße kommen, gibt es nur Ärger, weil sie unsere Sitten nicht kennen und weil sie immer in Eile sind …«

Und dann gibt er auch noch eine Beschreibung, wie ein guter Weißer beschaffen sein müsse: »Ihr möget einen guten Menschen ernennen, der unsere Sprache kennt und unsere Sitten und der nicht schlecht gelaunt und ungeduldig ist …«

Undankbar, schlecht gelaunt, ungeduldig und immer eilig – so also wirkten die ersten Weißen auf den großen Khama. Man muß die afrikanische Gemeinschaft und Gesellschaft kennen, um zu ermessen, wie tiefgründig diese Betrachtung ist, die bei flüchtiger Lektüre nur wie ein amüsantes Aperçu wirkt. Alles, was Khama schrieb, ist geradezu prophetisch. Dies wird deutlich, wenn man einen Blick auf das heutige Rhodesien wirft, in dem zur Zeit, da jener Brief geschrieben wurde, die *pioneers* gerade zu wirken begonnen hatten.

In Südrhodesien herrscht heute eine beängstigende Landknappheit. Nicht Land an sich ist knapp, aber Land für die Afrikaner. Riesige Ländereien befinden sich in den Händen weißer Farmer, während die Afrikaner in übervölkerten Reservaten zusammengepfercht existieren müssen. Sechstausend weiße Farmer besitzen dort 75 Prozent der landwirtschaftlichen Nutzfläche, die zweieinhalb Millionen Afrikaner dagegen müssen sich mit den restlichen 25 Prozent begnügen.

Khama hatte also ganz recht, und er hatte auch recht, als er sagte, die Afrikaner würden gezwungen sein, ihren Lebensunterhalt »als Diener des weißen Mannes zu erwerben«.

Der große Khama starb 1923, mit fünfundachtzig Jahren. Sein ältester Sohn, der Vater Tseretses, folgte ihm, aber er regierte nur wenige Jahre, dann starb auch er. Und da Tseretse damals erst vier Jahre alt war, nominierte der Ältestenrat Khamas zweiten Sohn Tschekedi zum Regenten.

Tschekedi, damals, 1926, erst zwanzig Jahre alt, hatte gerade sein Studium in der Südafrikanischen Union begonnen, als der Stamm ihn zurückrief. Ein paar Jahre später ging sein Name heftig umstritten durch die Presse: Tschekedi hatte einen »Weißen« auspeitschen lassen, dessen Trunksucht und dessen Umgang mit schwarzen Frauen ein öffentlicher Skandal geworden war. Das war 1933.

Der zuständige *High Commissioner,* ein englischer Admiral, schickte ein Marinedetachement nach Serowe, ließ den Ältestenrat des Stammes zusammenrufen und zwang ihn angesichts der bewaffneten Macht, Tschekedi abzusetzen. In England aber erhob sich ein gewaltiger Proteststurm in der Öffentlichkeit, und vier Wochen später war Tschekedi wieder in Amt und Würden.

Eines Tages fuhren Ella und ich sehr weit – etwa zwei Stunden – über Land zu den Feldern von Pilikwe. Jedes Jahr zur Saat und zur Ernte ziehen die meisten Bewohner Pilikwes mit Sack und Pack dorthin. Dort hat wiederum jeder seine Hütte, und was die Khamas anbetrifft, so haben sie auch ein paar Arbeiter, die dort die ganze Vegetationsperiode über bleiben und dann wieder in ihr Dorf zurückgehen.

Diese Arbeiter, vorwiegend sind es Frauen, bekommen keinen Lohn, aber sie werden ernährt und gekleidet und erhalten jeder eine Decke – also alles, was man zum Leben braucht. Dies zu haben, ist offenbar schon viel und gelingt keineswegs jedem.

Im Grunde können wir uns gar keinen Begriff von dieser klaglos ertragenen, ganz unsensationellen Armut machen. Was würde uns ein Leben sein, in dem es immer gerade so zum Überleben reicht, in dem keine »Möbel angeschafft«, keine Ersparnisse für die Kinder, keine Rücklagen für das Alter gemacht werden können. Die Alten in Afrika sterben in der Mehrzahl der Fälle an Auszehrung, denn die Verteilung des meist zu knappen Essens geht so vor sich: Erst bekommen die Männer etwas, dann die Frauen, dann die Kinder, und wenn dann tatsächlich noch etwas da ist, dann bekommen es die Alten. Wenn nicht, dann gehen sie eben leer aus.

Etwas anderes, was man sich gar nicht mehr vorstellen kann, ist die Atmosphäre einer bargeldlosen Wirtschaft. Denn der Unterschied zwischen unserem System und dem ihren besteht ja keineswegs nur darin, daß bei uns das Geld an die Stelle des Naturaltausches tritt und im übrigen alles beim alten bleibt, sondern die Geldwirtschaft ist nach ihren eigenen Gesetzen angetreten, oder besser, hat ihre eigenen Gesetze entfesselt – eben die des Geldes, die darin bestehen, daß fortzeugend neue Bedürfnisse angeregt werden.

Dies wird einem in Pilikwe sehr deutlich; denn in Betschuana wählt man nicht zwischen zwei Angeboten: 500 oder 600 Mark Lohn, sondern man entscheidet sich für den Herrn, mit dem einen das Gefühl der Treue verbindet. Denn mehr als das Nötigste zum Leben bietet ja ohnehin niemand, und Loyalität empfindet man für den Herrn, mit dem die Familie verbunden ist und der voraussichtlich auch in Zukunft für einen sorgen wird. Warum sie bei den Khamas in Diensten seien? Auf diese Frage bekam ich die Antwort: »Weil mein Großvater schon mit dem großen Khama mitzog, als der sich mit seinem Vater überwarf und die alte Hauptstadt Schoschong verließ und Serowe gründete. Und mein Vater ist dann mit Tschekedi gezogen, als der wiederum Serowe verließ und Pilikwe gründete.«

Auch für den »Arbeitgeber« stellen sich die Probleme in der bargeldlosen Wirtschaft anders. Er kann nicht sagen: »Dann biete ich dem einfach hundert Mark mehr, dann wird er schon bleiben«, sondern der Arbeitgeber muß »sich kümmern«. Er kann sich nicht auf seinen Geldbeutel verlassen, sondern muß die menschlichen Beziehungen pflegen, sonst kann er nicht auf Loyalität rechnen.

Das ist ein mühsames Geschäft, weit mühsamer jedenfalls, als etwas mehr Geld zu verdienen und dies dann zur »Bestechung« zu verwenden. Da muß unendlich viel geredet werden, um Argwohn oder Ärger zu zerstreuen und um Interesse für die eigenen Pläne zu wecken. Der halbe Tag geht mit solchen Gesprächen hin. In Pilikwe sah ich immer wieder neue Gesichter auftauchen, Leute, die von weit her kamen und mit denen unendlich lange Unterhaltungen geführt wurden.

An jenem Nachmittag, als wir zu den Feldern Pilikwes fuhren, war es nicht anders. Wir kamen dort in glühender Mittagshitze an. Wie die Ausstrahlung eines Hochofens, so wehte uns der heiße Atem der Kalahari von Westen her entgegen. Seit Januar hatte es regnen sollen, inzwischen war es März geworden, und kein Tropfen war gefallen. Die Felder sahen trostlos aus, und die Gesichter der Leute spiegelten schon die Sorge wider vor dem kommenden kargen Jahr.

Wir setzten uns zu den Leuten in den Schatten des vorgezogenen Strohdachs. Eine alte Frau machte am offenen Feuer Wasser heiß und kochte uns einen Tee, dazu wurden kleine Kuchen hingestellt, die wir mitgebracht hatten. Sie standen nur vor Ella Khama und mir, und es gab auch nur zwei Tassen. Alle anderen Gesprächspartner gingen also leer aus. Ich widerstand nur schwer der Versuchung, der neben mir sitzenden Frau etwas anzubieten, aber ich ahnte, daß dieses Verfahren wahrscheinlich auf protokollarischen Gesetzen beruhte. So war es denn auch. Nach einer angemessenen Weile wurden unsere Tassen abgeräumt, neuer Tee gekocht, und dann kamen die zwei Nächstwürdigen dran – ein Mann und eine Frau –, und danach wiederholte sich dieser Vorgang, bis schließlich alle bewirtet waren.

Das Ganze dauerte drei Stunden. Aber auch wenn es sechs gedauert hätte, wäre es mir nicht zu lang geworden. Wir saßen an die Lehmwand der Hütte gelehnt und sahen die flimmernde Hitze über den Feldern. Wie im Traum hörte ich jemanden eine lange Geschichte erzählen. Aus dem Kreis der Zuhörer kam hin und wieder ein nasales *än* und nach einer Weile wieder ein *än,* was soviel wie »ja« heißt. Ein paar Bienen summten.

Keiner war so taktlos, mir irgend etwas übersetzen zu wollen und damit deutlich zu machen, daß ich nicht dazugehöre. Wenn ich die Augen öffnete, sah ich unter einem Baum den großen, alten Wohnwagen stehen, mit dem die Khamas, bevor sie das Auto hatten, ihre Reisen von Pilikwe hierher und nach Serowe zu bestreiten pflegten. Sechzehn Ochsen waren nötig gewesen, um ihn von der Stelle zu bewegen. Das letzte Mal seien sie 1957 darin gereist, sagte Ella Khama.

In dieser Atmosphäre, in der niemand weiß, was Eile oder Unruhe ist, wird man selbst vollkommen zeitlos und kann sich nur darüber wundern, daß die Leute es bei uns so eilig haben. Die armen Entwicklungsländer, lange werden wohl auch sie in diesem Zustand paradiesischer Unschuld der Zeit gegenüber nicht mehr verharren!

März 1960

Der Begriff der Familie geht hier genau wie in Asien weit über unsere Vorstellungen von Familie hinaus. Es ist erstaunlich, was für entfernte Verwandtschaftsgrade noch als Vettern, Onkel und sogar Brüder bezeichnet werden. Je mehr einer besitzt oder verdient, desto größer wird seine Familie. Viele Verwandte verlassen den Busch, kommen angereist und erwarten bei dem, der es in der Stadt zu einem festen Gehalt gebracht hat, aufgenommen oder ausstaffiert zu werden. Und wehe dem, der diesen Ansprüchen nicht gerecht wird.

Die Khamas im Protektorat Betschuanaland haben eine lange und ruhmreiche Geschichte. Wegen eines Disputs um die Häuptlingsschaft war der weise und lautere Tschekedi Khama mit seiner Frau Ella fünf Jahre außer Landes gegangen.
Seit 1953 lebte die Familie in Pilikwe, wo ich sie 1960 besuchte. Ein Bahnsteig wie in Löwenhagen in Ostpreußen. Dort erwartete mich Ella Khama.

Eine Lehmhütte zu bauen dauert drei, vier Tage. Wie in allem, so ist auch hierbei seit Urzeiten genau festgelegt, wer was zu tun hat. Die Männer erstellen das Holzgerüst, auf dem das Dach ruht, und fertigen die Strohdächer an. Für die primitiven und weniger haltbaren Grasdächer ist der weibliche Teil der Familie zuständig.

In dieser Atmosphäre, in der niemand weiß, was Eile oder Unruhe ist, wird man selbst vollkommen zeitlos.

Hier bestimmen Sonnenaufgang und -untergang den Tagesrhythmus, den kein elektrisches Licht verfälscht. Man hört noch hier und da in der Ferne einen Hund bellen, dann wird es sehr früh Nacht. Und die nächsten Geräusche, die dann wieder aufkommen, gehören schon zum neuen Tag: ein Hahnenschreikonzert, das an einem Ende des Dorfes beginnt und sich bis zum anderen Ende fortpflanzt.

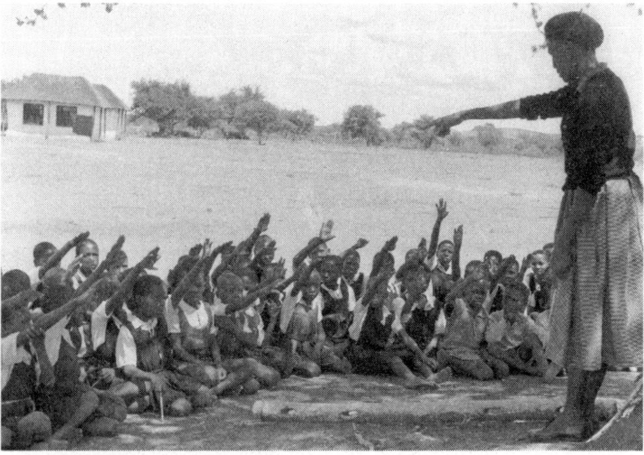

Viele Kinder müssen große Anstrengungen unternehmen, um den Segnungen einfacher Volksschulbildung teilhaftig zu werden. Manche legen Entfernungen bis zu zwölf Kilometern zweimal täglich zu Fuß zurück.

Westliche Fehler und Versäumnisse in Guinea

Der Speisesaal des Hôtel de France in Conakry, der Hauptstadt Guineas, ist ein merkwürdiger Rundbau, der am Hauptgebäude klebt wie eine Halbinsel am festen Land. Weit schweift der Blick über das lichtblaue Meer und die vorgelagerten Inseln; nie verstummt das Anschwellen und Verebben der Wellen, die in gleichmäßigem Rhythmus gegen das Ufer rauschen.

Das prächtige Haus gleicht einem Luxushotel, in dem Millionäre sich von den Anstrengungen des Kapitalismus erholen. Aber die Gäste, die sich hier zu den Mahlzeiten zusammenfinden, sind nicht müßig, sondern äußerst aktiv. Die Gespräche werden vorwiegend in östlichen Idiomen geführt: auf russisch, tschechisch, polnisch. Auch ein Chinese taucht gelegentlich auf, und natürlich fehlt der sächsische Dialekt deutscher Zunge nicht. Alle diese Gäste sind Experten, Techniker, Gutachter, die untersuchen, wie der Kredit im Werte von 140 Millionen Mark, den die Sowjetunion Guinea eingeräumt hat, am zweckmäßigsten investiert werden kann.

Auf dem großen Platz im Zentrum von Conakry, einer hübschen, kleinen Residenzstadt à la Homburg vor der Höhe, mit schattigen Alleen, mit Rasen und alten Bäumen, steht ein Kriegerdenkmal für die Gefallenen des Weltkrieges. Sekou Touré, der Chef der Regierung, hat die alte Inschrift abnehmen und eine neue setzen lassen: »Die Republik Guinea den Märtyrern des Kolonialismus« – so heißt es jetzt.

Eine durchaus einleuchtende Berichtigung, denn niemand kann ernstlich glauben, daß die afrikanischen Soldaten, die auf den europäischen und asiatischen Schlachtfeldern zweier Weltkriege ihr Leben ließen, dies um ihres Vaterlandes willen taten. Jedenfalls glauben die guineischen Soldaten dies nicht, die nach der Unabhängigkeitserklärung im September vorigen Jahres Knall und Fall aus der französischen Armee entlassen und nach Haus geschickt wurden, wo sie arbeits- und nunmehr mittellos ein Element der Unzufriedenheit bilden.

Sollte es eines Tages dazu kommen, daß der Kommunismus in Afrika Fuß faßt, vielleicht sogar von Teilen des Kontinents Besitz ergreift, dann wäre Conakry der rechte Ort für ein zweites Denkmal. Seine Inschrift müßte dann lauten: »Die dankbare Sowjetunion ihrem lieben General de Gaulle«. Ja, es müßte heißen »General de Gaulle« und nicht »ihren lieben Franzosen«, denn was hier geschah, diese Reaktion aus Trotz und verletzter Eitelkeit, die leicht einem ganzen Kontinent zum Verhängnis werden kann, die ist offenbar vorwiegend auf den französischen Staatschef zurückzuführen, so meinen jedenfalls viele Franzosen.

Was geschehen ist? Am 26. August 1958 besuchte General de Gaulle auf einer Reise, die die Afrikaner mit der Verfassung der neuen *Communauté* vertraut machen sollte, auch Conakry, wo er mit großem Jubel empfangen wurde. Sekou Touré sagte: »Wir wollen nicht ohne und nicht gegen Frankreich sein, was wir wollen, ist Unabhängigkeit innerhalb der Union.«

Und er fügte hinzu, die Interessen Frankreichs könnten heute nur durch eine freie Gemeinschaft der afrikanischen Staaten garantiert werden, nicht mehr durch Zwang oder militärische Mittel. Drei Forderungen brachte er vor: 1. Selbstbestimmung innerhalb der *Com-*

munauté; 2. Recht auf Austritt; 3. Französisch-guineische Zusammenarbeit bei der wirtschaftlichen Entwicklung.

Der General machte damals deutlich, daß die vorgesehene Struktur der *Communauté* nicht geändert werden könne, aber er sagte, Guinea habe ja vollkommene Freiheit, sich beim Referendum am 28. September 1958 für oder gegen den Anschluß zu entscheiden – *oui ou non*. Entscheide es sich für »nein«, dann werde es die Konsequenzen tragen müssen.

Auch Sekou Touré ist ein stolzer Mann, dem der Begriff Selbstbestimmung nicht nur ein schmückendes Ornament für festliche Deklamationen bedeutet. Und da seine Ansichten und Forderungen Richtlinien für das Volk sind, ergab das Referendum über neunzig Prozent Nein-Stimmen.

Daraufhin setzten in Paris – anders kann man es nicht nennen – Repressalien ein, an deren Auswirkungen das Verhältnis Guineas zum Westen noch lange kranken wird. Ein Schiff mit fünftausend Tonnen Reis zur Versorgung der Bevölkerung wurde auf hoher See umdirigiert. Alle hohen und höheren französischen Beamten, die bisher die Verwaltung des Landes geführt hatten, wurden »schlagartig« abberufen. Sie nahmen sämtliche Unterlagen mit: alle Statistiken, alle Akten, alle geologischen Gutachten. Kein Bleistift, keine Briefmarke blieb in den ausgeräumten Büros zurück. Sollten diese Afrikaner doch sehen, was es heißt, ohne das »Mutterland« auszukommen...

Aber niemand ist ganz unentbehrlich, das konnten schon die Engländer feststellen, als sie 1957 die Lotsen des Suezkanals von heute auf morgen zurückriefen, dann aber mit Staunen wahrnehmen mußten, daß der Betrieb nicht einen Tag stillstand. Guinea wird heute von einem der jüngsten Kabinette der Welt regiert. Sekou Touré ist achtunddreißig, sein Innenminister neununddreißig, der Finanzminister einunddreißig Jahre alt, und auch von den anderen ist keiner über vierzig.

»Wir haben die Franzosen gebeten, sie mögen noch bleiben«, erzählte mir der Wirtschaftsminister Beavozuli, »sie sollten uns, die wir zwar in den Ministerien mitgearbeitet, aber die Ressorts bisher nicht geleitet hatten, noch einarbeiten – aber sie gingen.«

Und der Erziehungsminister Barry Diawandou antwortete auf meine Frage, woher das Land die Lehrer für die vielen neuen Schulen nehme: »Das war vor allem gleich nach der Unabhängigkeit ein großes Problem, denn Frankreich hatte damals etwa zweihundert französische Lehrer sofort zurückgerufen. Inzwischen ist es uns gelungen, sie zum großen Teil zu ersetzen, indem wir neue in Frankreich angeworben haben.«

Also doch Franzosen? Ja, aber das Gerücht, es handele sich bei den neuen Lehrern vorwiegend um Kommunisten, die eine Tätigkeit in Guinea derzeit für sinnvoller halten als in Frankreich, ist gewiß nicht von der Hand zu weisen ...

Um das Maß vollzumachen, lieferten schließlich auch die USA noch ein Zeugnis staatsmännischer »Weisheit«. Die Franzosen hatten die gesamte Bewaffnung der Polizei – einschließlich der Revolver – mitgenommen. Guinea wandte sich daraufhin über einen befreundeten Staatsmann inoffiziell an Washington, ob die USA bereit seien, die Ausstattung für die Polizei zu liefern – nur so viele Waffen, wie zur Aufrechterhaltung der Ruhe im Inneren notwendig seien. Die Amerikaner verschlampten die Beantwortung dieser Anfrage, und einige Monate später, im Frühjahr 1959, erschien ein polnisches Schiff und brachte tschechische Waffen. Die dazugehörigen Ausbilder trafen gleichzeitig per Flugzeug ein.

Bündnislosigkeit und Neutralismus sind das außenpolitische Ziel Sekou Tourés. Innenpolitisch aber gilt seine ganze Energie dem Aufbau einer Demokratie, die, wie er sagt, »der afrikanischen Wirklichkeit entspricht« – und die man nicht einfach mit der östlichen Spielart identifizieren sollte, nur weil sie auf den Pluralismus der Parteien verzichtet. Das Einparteiensystem, das in Guinea am weitesten entwickelt ist, wird immer deutlicher zum Organisationsprinzip der afrikanischen Staaten werden.

Januar 1960

Kwame Nkrumah – »Führer« aus Lust und Notwendigkeit

Es war etwa eine Stunde vor Sonnenuntergang, jene berauschende Stunde, in der eine leichte Brise die lastende Hitze des Tages vergessen läßt und man die Vielfalt der Farben zu genießen beginnt, die das Auge im vollen Licht oft nur als Schmerz wahrnimmt.

Eine große Menschenmenge hatte sich in der *West End Arena* in Accra versammelt. An einer Seite war eine Plattform aufgebaut worden, auf der drei Reihen Lehnstühle zusammengeschoben standen. In ihnen hatten einige Minister Platz genommen und verschiedene Würdenträger der Partei. Denn die CPP Nkrumahs (die *Convention People's Party*) feierte ihr zehnjähriges Bestehen.

Viele junge Mädchen – weiße Bluse, grüner Rock, roter Schlips – säumten die Plattform, und die ganze Arena war angefüllt mit Parteivolk – vorn saß man, hinten standen sie. Und überall Fähnchen.

Gerade als ich mich bis vorn an die Plattform vorgeschoben hatte, spürte man Bewegung draußen auf der Straße. Jetzt kommt »der Führer«, dachte ich, und da stand er auch schon auf der Plattform: weiße, lange Tennishosen, weißes Hemd und darüber ein schwarzweiß gestreifter, ärmelloser Überwurf, ein Mittelding von Buschhemd und Russenbluse. Brausender Beifall.

Ein Vorsprecher in langem, weißem Gewand steht am Mikrophon und animiert die Menge: Tschu-wei oder so ähnlich klingt es aus vielen Kehlen. Es hört sich an wie »Sieg Heil!«. Alle klatschen im Rhythmus in die

Hände, und viele wiegen sich wie im Tanz.

Eine schwermütige, schleppende Hymne wird angestimmt:

»O God, do thou our dear land bless
with freedom, peace and happiness.«

Sie erinnert an ein altes russisches Volkslied. Dann treten drei Trompeter in Uniform vor, die ein munteres Hornsignal blasen. Es folgt ein Herr im schwarzen Anzug, der ein Gebet spricht, ich verstehe nur in Abständen einige Worte: Hosianna..., Halleluja..., Amen. Nach einer kurzen politischen Ansprache durch den Finanzminister Gbedemah, der zu den drei oder vier starken Männern im Lande gehört, tritt ein Fetischpriester auf.

Er hat eine große, hellblaue, seidene Toga umgeworfen und stößt einige langgezogene, seltsam schwingende Töne aus, mit denen er die Geister der Ahnen beschwört. Tief verneigt er sich einmal zur See, einmal zur Sonne und reckt dabei die Arme – in jeder Hand eine Flasche – zum Himmel. Dann vergießt er dreimal das kostbare Naß, es ist Gin. Dieser höchst eigenartige Vorgang, ein Opfer zu Ehren der Ahnen und Götter, heißt hier *Libation* und hat wohl eine gewisse Verwandtschaft mit der *libatio* der Römer.

Nach dieser christlich-militärisch-fetischistischen Vorbereitung steht Kwame Nkrumah auf und tritt ans Mikrophon. Er strahlt seinen unwiderstehlichen Charme aus. Man könnte meinen: er knipst ihn an und leuchtet damit bis in die entferntesten Ecken der Arena. Nach einer kurzen Vorrede in Fanti, der örtlichen Sprache, schaltet er um, wird ernst, fast ein wenig streng und spricht englisch. Nkrumahs Ideal ist nicht ein enger Ghana-Nationalismus, sondern ein alles umfassender Panafrikanismus. *Unity* heißt sein Zauberwort, und darum wird Englisch unter seiner Regierung mehr gepflegt als selbst früher zur Kolonialzeit. Damals wurde Englisch in der Schule erst im dritten Jahr der Volksschule gelehrt, heute dagegen beginnt man mit dieser völkerverbindenden Fremdsprache bereits in der untersten Klasse.

»Kameraden«, beginnt Nkrumah, »vor zehn Jahren stand ich hier vor euch und rief zum Widerstand auf gegen Imperialismus und Kolonialismus ...« Er spricht über die Partei, die weit wichtiger ist als ihre Mitglieder – »daher das Prinzip des demokratischen Zentralismus«. Als er das Parteivolk warnt, eine einflußreiche Position in der Partei nicht für den Ausdruck der eigenen Bedeutung zu halten, schwillt der Beifall brausend an.

Nkrumah sagt: »Die Regierung ist nur ein Handlanger *(agent)* des Zentralkomitees der Partei, die dem Dienst an der Nation geweiht ist.« Das Zentralkomitee aber finde, es sei an der Zeit, eine gemeinsame afrikanische Ideologie herauszuarbeiten, und darum lade er alle Freiheitskämpfer Afrikas ein, nach Accra zu kommen, um sich dieser Aufgabe zu widmen.

Neben der zentralisierten Demokratie ist die Idee einer afrikanischen Union das, was Nkrumah mehr als alles andere fasziniert. Wenn er oder Sekou Touré Afrika sagen, dann schwingt etwas Wildes, Berauschtes mit – schwer zu definieren, ob es Inbrunst, Sehnsucht oder Herrschsucht ist.

»Nein, keine lose Union«, antwortet Nkrumah anderntags auf meine Frage, »es könnte durchaus eines Tages die USA sein, nämlich die *United States of Africa.*«

»Wirklich mit einer gemeinsamen Regierung und einem gemeinsamen Parlament?«

»Ja, warum nicht?«

»Und die Sprache? Und die Währung? Und die Verschiedenheit der *Communauté*- und der *Commonwealth*-Verwaltung?«

Nkrumah wischt alle Bedenken beiseite. Er hat insofern recht, als Accra heute das Zentrum der allafrikanischen Bewegung und aller wichtigen Konferenzen ist, aber es könnte leicht sein, daß das sich bald ändert. Wenn Nigeria mit seinen fünfunddreißig Millionen Menschen, der volkreichste Staat Afrikas, erst einmal aus den ersten Kinderschuhen heraus ist ...

Ghana ist ungeachtet seiner Monokultur »Kakao« ein starker, gesunder Staat: Der zweitgrößte künstliche Hafen der Welt wird demnächst dem Verkehr übergeben, zahlreiche Gebäude schießen aus der Erde, Straßen werden gebaut, eine neue Stadt für viertausend Einwohner. Und all dies ohne fremde Hilfe. Ghana hat keinen Pfennig Auslandsschulden, aber rund 2,3 Milliarden Mark Devisenreserven in London.

Diesen Reichtum verdankt Ghana der Tatsache, daß es ein Drittel der gesamten Kakaoproduktion der Welt, zehn Prozent aller Diamanten und drei Prozent des Goldes erzeugt, und sicherlich auch dem Umstand, daß seine Bevölkerung, wie mir schien, rascher, intelligenter und fröhlicher ist als die der meisten anderen Gebiete, die ich bisher sah. Und was gewiß auch wichtig ist, die Ghanaer sind ohne Komplexe. Ihnen macht es nichts aus, noch im dritten Jahr ihrer Unabhängigkeit einen Engländer als Justizminister, einen anderen als obersten General einzusetzen, einen Deutschen – Hubert Kessels von der Bundesbank – zum Gouverneur der Bank von Ghana zu machen und einen Australier, Sir Robert Jackson, zum ökonomischen Berater Nkrumahs.

Aber auch hier werden die Bäume nicht in den Himmel wachsen. Auch dieser Staat hat sein Päckchen zu tragen. Und dieses Päckchen heißt Demokratie – in Nkrumahs Worten: zentralisierte Demokratie. Seine Idee ist theoretisch das englische Zweiparteiensystem. »Es muß verschiedene Parteien geben«, sagt er, »damit die Leute zwischen verschiedenen Möglichkeiten entscheiden können.« Opposition ist gut, aber natürlich nur so lange, wie sie nicht zu frech wird oder gar das begonnene Werk in Frage stellt, also nur so lange, wie kein Risiko besteht, daß sie »drankommen« könnte.

Nkrumah kann für sich ins Treffen führen, daß man nicht ohne ein gewisses Maß an Autorität aus einer Vielfalt von Stämmen, die lange Zeit miteinander verfeindet waren, eine Nation schmieden kann; vor allem nicht in Ländern, in denen Nachgeben und Einlenken nicht als Weisheit, sondern als Schwäche ausgelegt wird.

Februar 1960

Intelligenztest im Urwald

In das Innere Afrikas sind die europäischen Kolonialmächte erst sehr spät vorgedrungen, die Küste Afrikas hingegen ist seit Jahrtausenden bekannt. Alle die großen seefahrenden Nationen haben sie bereist, seitdem die Phönizier als erste die Gestade umschifften. Von der Mitte des 15. Jahrhunderts an folgten die Europäer einander auf dem Fuße: Portugiesen, Holländer, Dänen, Engländer.

Die Küste Ghanas – die Goldküste – ist besät mit Forts und Festungen aus jener Zeit. Es ist, als hätte europäische Abenteurer- und Eroberungslust einen schmalen Saum sogenannter Zivilisation um den Schwarzen Erdteil gehäkelt. Ich wurde ganz stolz, als ich entdeckte, daß selbst meine preußischen Landesherren auf ihren ungeschlachten Kähnen bis hierher vorgedrungen sind. Die Flotte des Großen Kurfürsten Friedrich Wilhelm, geführt von dem Kammerjunker Major von der Groeben, hatte 1682 in der Nähe von Axim angelegt und dort die Feste Großfriedrichsburg gegründet.

Selbiger Groeben schildert den Vorgang der Besitzergreifung folgendermaßen: »Danach berief ich meine Offiziere nebst den zween anwesenden Kaphäuptlingen zu mir ins Zelt und begehrte, mich ihrer Treue durch einen Eyd zu versichern. Danach ward eyne Schale Brandtwein herbeygebracht und mit Schießpulver durchgerührt. Daraus mußte ich die Gesundheit anfangen zu trinken. Die Kaphäuptlinge folgten mir nach und berührten mit dem Rest den anderen Schwartzen die

Zunge, damit sie auch getreu bleiben möchten – worauf mir noch zum Schluß der älteste Häuptling einen Löffel Brandtwein, Wermutextrakt und Violensaft in den Hals steckte, daß ich davon sechs Wochen genug hatte ... Den folgenden Tag schon wurden von den Mohren Palisaden angeschafft und von meinen Soldaten abgesetzt.«

Fast die ganze Mannschaft, die die brandenburgischen Fregatten an Ghanas Küsten gebracht hatte, starb an Fieber in den folgenden Jahren. In allen Dokumenten und Berichten aus jener Zeit, aber auch noch während des ganzen 19. Jahrhunderts wird immer wieder die lapidare Feststellung getroffen: Von zehn Mann erlagen sechs, sieben oder acht dem Fieber. Und dies traf gleicherweise militärische Detachements, Forschungsexpeditionen, Kaufleute und Missionare.

Als Friedrich Wilhelm I., der »Soldatenkönig«, in Preußen zur Regierung kam, verkaufte er die afrikanischen Besitzungen im Jahr 1717 für 7200 Dukaten an die Holländische Compagnie. Großfriedrichsburg ist heute nur noch eine Ruine, aber viele jener alten Festungen kann man noch heute besichtigen, so zum Beispiel Elmina, die portugiesische Burg, in der die Sklaven vor der Verschiffung zusammengetrieben wurden. Diese Burg war 1481 mit numerierten Balken und Steinen, auf drei Schiffe verladen, von Portugal nach Westafrika gebracht und dort Stein für Stein wiederaufgebaut worden. Heute leuchtet sie in weißen und schwarzen Farben über das Meer, das in langen Wellen hoch hinaufbrandet an den Fels.

Noch stärker als die Burgen und Zinnen zwischen Brandung und Urwald hat sich mir ein Bild in Accra eingeprägt. Die Stadt selbst hat keinen richtigen Hafen. Die Schiffe, die hier anlaufen, ankern draußen auf der Reede, und die gesamte Ladung muß in sogenannten *surfboats* durch die hochaufspritzende Brandung an Land gebracht werden. Und Brandung gibt es immer, selbst wenn der Ozean von ferne ruhig wie ein Dorfteich scheint.

Ist so ein Dampfer einpassiert, dann fährt ihm eine ganze Armada langer, schmaler Brandungsboote entgegen. Zweimal fünf Männer hocken in jedem Boot und stoßen ihre kurzen Paddel im Rhythmus, den der aufrechtstehende, breitbeinig balancierende Steuermann angibt, ins Wasser – so als sei das Meer ein steinharter Acker, der mit der Hacke bearbeitet werden muß. Ihre nackten, von dem Gischt der Wellen nassen Körper leuchten wie Bronze in der Sonne.

Sekundenweise scheint das ganze Boot mit Mannschaft und Ladung von der Brandung begraben zu werden, aber in einem schnellen Manöver von höchster Akrobatik wird es hindurchlaviert und schießt auf die Küste zu. Zehn Männer springen heraus, stehen bis zu den Hüften im Wasser und tragen die Ladung – große Kisten oder unverpackte Maschinenteile – die letzten fünfzig Meter auf dem Kopf bis zum Ufer.

Wenn genug Wind ist, wird nicht gerudert, sondern ein trapezförmiges, graubraunes Segel gesetzt, das sich in der Brise bläht wie ein an seinen vier Ecken festgehaltenes Tuch. Zehn, zwanzig, dreißig dieser Boote bilden gleichsam eine Flottille, die dem fremden Schiff entgegeneilt. Man könnte meinen, eine jener alten venezianischen Darstellungen einer Seeschlacht vor sich zu haben – ein unvergeßliches Bild.

In Guinea besuchte ich kürzlich eine eben fertiggestellte Aluminiumfabrik, eine riesige Anlage, die, hundertsechzig Kilometer von Conakry entfernt, mitten im Busch innerhalb kürzester Frist erbaut worden ist. Hunderttausend Tonnen Stahl und Eisen wurden per Schiff aus Frankreich herangeschafft und dann mit der eigens errichteten Eisenbahn oder auf der ebenfalls neugebauten Straße an Ort und Stelle gebracht. Hier kann man deutlich sehen, wie die Technik sich in die Natur hineingefressen hat, und sehr augenfällig ist auch, daß dieses »Loch im Urwald« wie der Sog eines Vakuums wirkt. Achttausend Arbeiter haben den Busch verlassen, sich in der Nähe des Unternehmens angesiedelt und am Aufbau mitgearbeitet.

Ich wanderte bei fünfunddreißig Grad Hitze, eingehüllt in rote Staubwolken (Afrika ist entweder grün oder rot), über das schier endlose Gelände, sah die Bulldozer und Kräne, wanderte an riesigen Behältern mit ätzender Säure vorbei, stapfte hohe Gerüste hinauf an einem Gewirr von Röhren und Leitungen vorbei. Überall waren Urwaldbewohner am Werk, die ihre Hütten, Bananen und Reisfelder verlassen haben.

»Wie wählen Sie eigentlich den Stamm Ihrer ständigen Arbeiter aus?« fragte ich einen jungen französischen Fachmann.

»Mit Hilfe sehr simpler Testverfahren.«

»Kann ich einmal die Aufgaben sehen, die Sie ihnen vorlegen?«

Da war beispielsweise ein Blatt Papier, auf dem die Form eines Männerhemdes dargestellt war, mit lauter Kreuzen darauf, die das Stoffmuster versinnbildlichten. An einer Stelle war ein weißes Dreieck freigelassen: ein Loch im Hemd. Der »Kandidat« mußte nun aus fünf Proben, die auf dem Papier zur Auswahl standen – alle in Form des fehlenden Dreiecks, aber mit verschiedenen Mustern: Streifen, Kreisen, Punkten –, das richtige Muster zum Flicken auswählen, nämlich das mit den Kreuzen. Ergebnis dieses Tests: Von hundert Leuten wählten bestenfalls zwanzig das richtige Muster. Ein entmutigendes Resultat? Nein. Dies Beispiel macht nur eines deutlich: Wie verschieden voneinander die Welten sind, in denen wir Europäer und die Afrikaner leben. Hätte man dem »Kandidaten« ein zerrissenes Hemd und fünf verschiedene Flicken vorgelegt, hätten vermutlich alle das richtige Muster gewählt. Aber ein gemaltes, ein »abstraktes« Hemd – wer kann sich das vorstellen? Nur für die Welt, in der wir leben, sind Abstraktionen unerläßlich. Und darum der Test.

Ich mußte an den Brief denken, den mir einmal der Wirtschaftsminister in Amman zeigte und der folgende Adresse trug: An den Wirtschaftsminister; Ministerium für Wirtschaft; Gegenüber der Wäscherei des Abubakr. Die Wäscherei des Abubakr war nur eine winzige, offene Bude, aber dem Absender viel vertrauter als das anonyme Ministerium.

Anfangs hatte ich diese Menschen oft beneidet, welche – so schien es mir– die Lebenskunst so viel besser beherrschten als wir: nichts Verkrampftes, nichts Hektisches, Arbeit nur mit Maßen, viel Geschwätz, viel Gelächter, viel Beschaulichkeit. Niemand hat die Idee, er müsse es zu etwas bringen, müsse einen Beruf ergreifen. Man bleibt in seinem Dorf, in der gewohnten Gemeinschaft, geht mit allen anderen auf den Acker, zum Brunnen, zum Markt, zum Tanz und ergreift gegebenenfalls den Beruf des Vaters. Es ist das Kollektiv, das zählt: die Familie, die Sippe, der Stamm – nicht der einzelne.

Die haben keine Sorgen, dachte ich, keine Ängste, keine Ambitionen – wie harmonisch, wie behütet. Aber weit gefehlt! Ihre Ängste sind, das ist mir inzwischen klargeworden, nicht geringer als die der legendären Kapitalisten, die schlaflose Nächte über ihren Bilanzen verbringen, oder als die Alpträume der Kommunisten, die der Abweichung verdächtigt werden – nur sind es andere Ängste, ganz andere.

Die Welt dieser Afrikaner ist bewegt, vielgestaltig,

phantasiereich. Da sind die Ahnen, die ständig fortleben und ihre Ansprüche stellen, die Toten, die oft ruchlos und rachsüchtig sind, die dunklen Nächte, in denen es beängstigende Schatten gibt. Alle Dinge haben ein Eigenleben: die Bäume, Flüsse, Tiere, sie alle verkörpern Geister, die so klein sind, daß man sie zuweilen einatmet, ohne es zu bemerken, und die dann im Inneren des Menschen gewaltige Dimensionen annehmen.

Nein, die Summe menschlicher Angst ist offenbar immer konstant. Nur daß die Angst der Afrikaner eine urmenschliche ist: Der Mensch ist der großen feindlichen Natur ausgesetzt, während unsere Angst sozusagen abgeleitet ist. Es ist die Angst vor der Behörde, den Wählern, den Konsumenten, das Bangen um Rente, Lebensstandard, Erfolg.

Vor zwei Jahren verunglückte in Nigeria der damalige Führer der Opposition in der *Western Region* mit seinem Auto. Rasch verbreitete sich die Kunde von dem tödlichen Unfall und zugleich mit ihr die Vermutung, der Wagen sei von seinen Widersachern, der Regierungspartei, behext worden. Die Hauptstadt Ibaden geriet in Aufruhr. Tagelang zogen die feindlichen Gruppen gegeneinander zu Felde. Es gab Straßenschlachten und Tote. Vierzehn Tage später brachte die Opposition im Parlament die Anfrage ein, was die Regierung zu tun gedenke, um ähnliche Fälle von Zauberei in Zukunft zu verhindern. Finsteres Mittelalter, so kommentierten viele.

In der gleichen Stadt Ibaden besuchte ich neulich den Staatssekretär im Schatzamt. Es gelang mir nicht, eine einzige Frage an ihn zu richten – vom ersten Moment an war er es, der mich interviewte: »Nun sagen Sie nur, wie ist es möglich, daß Bundeskanzler Adenauer zuerst erklärt, er wolle Bundespräsident werden, und dann plötzlich wieder alles über den Haufen wirft?

Nun sagen Sie nur, wie ist es möglich, daß man in Deutschland wieder Hakenkreuze an die Mauern malt? Ich war im vorigen Jahr in der Bundesrepublik, in Hamburg, Düsseldorf, Bonn. Ich habe so viel Freundschaft erfahren, so viel Gutes gesehen. Ich kann dies gar nicht fassen. Meine Frau und ich haben heute den ganzen Morgen darüber gesprochen.«

Er war tief betrübt und besorgt. Und selten – so glaube ich – hat jemand in einem »Interview« so wenig Antworten gewußt wie ich …

Februar 1960

Prestige spielt eine große Rolle in der schwarzen Gesellschaft

Erst in Westafrika wird einem klar, daß bei uns – also in der modernen Industriegesellschaft – der Luxus von gestern regelmäßig dem Massenkonsum von heute erschlossen wurde. Das gilt für alle zivilisatorischen Errungenschaften, von der Wasserleitung über das Auto bis zur Konfektion, die das, was die Pariser Modeschöpfer kreierten, in Serie herstellt.

Hier in Afrika hat dieser Prozeß noch nicht begonnen, weil die Masse keine Kaufkraft hat. Für den Europäer ist daher all das, was bei ihm zu Hause längst zur Kategorie Massenkonsum gehört, noch Luxus und daher unglaublich teuer. Das billigste Hotelzimmer kostet ohne Frühstück 40 Mark. Und wenn man beim Friseur Haare »waschen und legen« läßt (es kostet 20 Mark), so ist das so, als ginge man in Paris zu Dior, um einen Knopf annähen zu lassen.

Gewisse Versäumnisse sind offenbar nie wieder aufzuholen. Die afrikanischen Völker haben sich nie das Rad nutzbar gemacht, weil sie es nicht erfanden. Es bestand für sie auch gar keine Veranlassung, denn was hätte man wohl im Urwald mit einem Wagen anfangen sollen?

Erstaunlich hingegen erscheint mir, daß die Leute auch heute noch auf den asphaltierten Straßen Afrikas – genau wie im Urwald – im Gänsemarsch marschieren und alle ihre Lasten auf dem Kopf tragen. Nirgends sah ich einen Wagen – sei es ein Handwagen oder ein Karren.

Unvorstellbar große Mengen, bis zu fünfzig Kilogramm und mehr, werden auf dem Kopf befördert: Wasser, Holz, gekaufte Waren und zu verkaufende Früchte. Sechsjährige Kinder schleppen riesige Eimer mit Wasser, andere eilen zur Schule, die Schulbücher auf dem Kopf gestapelt und obendrauf das Tintenfaß. Man wird sicherlich rechnen können, daß 50 Millionen Menschen (von 220 Millionen, die diesen Kontinent bevölkern) täglich, sagen wir, im Durchschnitt zwanzig Kilogramm befördern. Das wären zusammen 100 Millionen Kilogramm = 100 000 Tonnen = 4 000 Waggons = 100 Güterzüge. Der Inhalt von 100 Güterzügen wird also jeden Tag zu Fuß und per Kopf von Ort zu Ort transportiert …

Diese Zahlenakrobatik eines multiplikationsfreudigen europäischen Hirns stellt freilich keine hieb- und stichfeste Wirtschaftsstatistik dar, sondern ist lediglich ein Zeitvertreib, sozusagen das Nebenprodukt vielstündiger Fahrten durch das Land.

Wenn wir meinen, nur in unserer Zivilisation spiele der Begriff Prestige eine Rolle, so sind wir sehr im Irrtum. Hier geht das Prestige weit über jedes rationale Denken hinaus. Es findet nicht einmal – wie doch meist bei uns – irgendwo an kommerziellen Überlegungen eine Grenze. Man schlachtet zum Beispiel das Vieh nicht, wenn es keinen Nutzen mehr bringt, sondern erhält, auch bei äußerster Futterknappheit, unnütze Fresser am Leben, weil es Ansehen verleiht, eine große Herde zu besitzen.

Je mehr Frauen einer hat, desto mehr Achtung genießt er. Daher wird jeder zusätzliche Verdienst zum Erwerb einer weiteren Frau verwandt (der »Preis« schwankt zwischen 300 und 1 200 Mark), obgleich sehr oft der Nutzen, also die Arbeitsleistung der Frau, geringer ist als ihre Ansprüche an Kleidern und Schmuck.

Ansehen verleiht es, wohlbeleibt zu sein – aber das ist wohl ein universalgültiges Prestigemerkmal. In Ostpreußen pflegte man zu sagen: »Dicker Herr ist immer geputzt.«

Man muß freilich nicht nur Prestige haben, sondern es auch zu wahren wissen. Und dazu gehört hier die Sorge um die Familie im weitesten Sinne. Je mehr aber einer besitzt oder verdient, desto größer wird seine Familie – weit entfernte Vettern, Großtanten und Stiefneffen erinnern sich dann der engen verwandtschaftlichen Beziehungen. Sie verlassen den Busch, kommen angereist und erwarten bei dem, der es zu einem festen Gehalt gebracht hat, aufgenommen oder ausstaffiert zu werden. Und wehe dem, der diesen traditionellen Ansprüchen nicht gerecht wird.

Es liegt eine bemerkenswerte Stärke in diesem Großfamilien-System, das keinen verhungern läßt. Aber in vielen Fällen hemmt es auch die Initiative. Wozu sich anstrengen und viel verdienen, wenn beim ersten Erfolg sofort ein Heuschreckenschwarm von Verwandten über einen herfällt? Schon mancher, der es gerade zu etwas gebracht hat, ist binnen kurzem wieder ruiniert worden und war dann schlechter dran als zu Beginn seiner Laufbahn.

Natürlich hat der Arrivierte nicht nur Lasten, sondern auch Nutzen von den armen Verwandten. Sie müssen oft ohne Lohn, nur gegen Beköstigung sämtliche Dienstleistungen verrichten: kochen, waschen, als Nachtwächter das Haus bewachen. In Ghana ist der *watchman* übrigens oft mit Pfeil und Bogen bewaffnet, auch beim deutschen Botschafter sah ich einen solchen Bogenschützen nachts vor dem Hause Wache halten.

Die afrikanische Großfamilie ist nicht nur deshalb groß, weil die Grenzen dessen, was man Verwandtschaft nennt, sehr weit gezogen werden, sondern auch deshalb, weil dort, wo einer mehrere Ehefrauen hat, schon allein die engste Familie sehr zahlreich ist. Ich traf unlängst jemanden, der mir erzählte, daß er neunundfünfzig Brüder und Schwestern habe. Erklärend fügte er hinzu, sein Vater sei ein Häuptling gewesen, der fünfzehn Frauen sein eigen nannte.

Apropos Prestige: Die Afrikaner sind außerordentlich souverän in gesellschaftlichen Fragen. Es gibt keine Ressentiments innerhalb der Gesellschaft. Wer auf der untersten Stufe der sozialen Hierarchie steht, ist stolz, wenn er einen Verwandten an der Spitze hat, und wer oben steht, schämt sich nicht des Bruders, der Taxifahrer oder Botenjunge ist.

Ich war neulich in dem prachtvollen Haus eines großen Unternehmers zu Gast. In seiner Garage standen ein Rolls Royce, ein Mercedes 220 S und ein großer amerikanischer Wagen. Am Nachmittag ließ er mich die Sehenswürdigkeiten der Stadt betrachten und gab mir zu diesem Zweck einen jungen Mann seines Unternehmens mit. Dieser war ungewöhnlich intelligent und hatte vorbildliche Manieren (»Stört es Sie, wenn ich rauche?«). Er war europäisch gekleidet und trug den gleichen Namen wie sein millionenschwerer Onkel.

Am Ende des Nachmittags gelangten wir auch auf den Markt, kämpften uns durch das Gewühl von Käufern und Verkäufern, spielenden Kindern, Schwärmen von Fliegen und betrachteten die feilgebotenen Waren. Viel Blech aus Europa: Eimer, Kochtöpfe, Schüsseln; viele absonderliche Leckerbissen: stark riechende, in der Sonne halbverweste Muscheln und Fleischklümpchen, fetttriefende Fladen und Knödel aller Art. Und gelegentlich ein Stand, in dem alte Herren *jou-jous* – Zaubermittel und Medizin – verkauften: winzige Stücke Leopardenfell, merkwürdige Knöchelchen, Vogelköpfe, Klauen, Gehörne und Elefantenhaar.

Plötzlich sagte mein Begleiter: *Come and meet my mother* – und schon sah ich mich einer alten, zahnlosen, barbrüstigen Dame gegenüber, die hinter einem Tisch hockte und undefinierbare Eßwaren verkaufte. Eine Sekunde lang war sie betroffen und zog mit einer raschen Bewegung ihr Tuch über den nackten Oberkörper, aber dann schien diese Begegnung das Natürlichste von der Welt zu sein.

Vor dem Hause von Freunden in Monrovia sitzt ein alter Mann, der dort Zigaretten verkauft. Er hatte oft darüber geklagt, daß sein Geschäft so wenig einbringe. Als nun kürzlich anläßlich der Amtseinsetzung von Präsident Tubman viele Tausende von Neugierigen und Eingeladenen aus dem Hinterland herbeiströmten, meinte die Frau des Hauses ermunternd, nun sei doch seine große Chance gekommen. Aber weit gefehlt. Wortreich beschrieb er, wie gerade jetzt immer wieder Leute erschienen, die unbedingt rauchen wollten, aber nicht bezahlen könnten.

»Ja, warum gibst du ihnen denn Zigaretten, wenn sie nicht bezahlen? Du wirst dir noch das ganze Geschäft verderben.«

»O, Missi, du hast gut reden, *but we black people, we can't spoil our name* – wir Schwarzen, wir müssen auf unseren guten Namen achten.«

März 1960

Stärke und Schwäche des Kapitalismus in Afrika

Konrad Adenauer war ein Jahr alt, als Henry Morton Stanley in 999 Tagen das Gebiet durchquerte, das heute den Belgischen Kongo darstellt. Man schrieb das Jahr 1877, und es war eben jene Reise, bei der Stanley entdeckte, daß der Kongofluß der Kongo und nicht der Nil ist, wie man seit Herodots Zeiten geglaubt hatte. Mit anderen Worten: Nicht mehr als ein Menschenleben hat die koloniale Erschließung Zentralafrikas in Anspruch genommen, die mit jener abenteuerlichen Reise begann.

Wenn man heute das riesige Industriegebiet der Provinz Katanga bereist, die erst nach 1900 erschlossen wurde, scheint es, als lägen Generationen zwischen jenen Tagen, da alle zwanzig bis vierzig Kilometer ein Dorf im Urwald stand, und dem heutigen Anblick moderner Städte, Bergwerke und Fabriken. Die ersten Werkzeuge, mit denen man sich an die Hebung der Bodenschätze Katangas heranmachte, waren 1908 mit Ochsenkarren nach Elisabethville geschafft worden.

Heute – wenige Monate vor der Unabhängigkeitserklärung des Kongos – beschäftigt die *Union Minière du Haut Katanga* 22 000 kongolesische Arbeiter und 2 000 europäische Angestellte, die allesamt in werkseigenen Siedlungen und Häusern wohnen, für die Krankenhäuser eingerichtet und Schulen (für 17 000 Kinder) gebaut wurden. Die Union Minière, die dem Staat jährlich über 2 Milliarden belgische Francs (ca. 170 Millionen Mark) an Steuerabgaben und Ausfuhrzöllen einbringt, also fast ein Sechstel der Staatsausgaben deckt, hat ungezählte Tochterbetriebe. Sie selber ist ein Kind der *Société Générale*, welcher der Kongo mehr oder weniger gehört. So wie in der Geschichte vom »Kannitverstan« bekam ich auf die Frage »Wem gehört das?« stets die Antwort, »der Société Générale«. Ihr gehören die Minen, die Eisenbahnen, die Brauereien, die Fluglinien, Fabriken.

Die Belgier machen alles im Kongo. Man muß sich einmal vorstellen: Im ganzen Lande, das dreizehn Millionen Einwohner hat, gibt es nur sieben Akademiker schwarzer Hautfarbe, die gerade ihr Studium beendet haben. Es gibt einstweilen keinen einzigen Arzt schwarzer Farbe, keinen Ingenieur, keinen Anwalt. In der Verwaltung, die sieben Stufen umfaßt – vom Schreiber hinauf bis zum Provinzgouverneur –, gibt es in den drei oberen Klassen nur einen einzigen Kongolesen, und die ersten schwarzen Offiziere sollen 1963 ihr Patent erhalten.

Ich besuchte neulich einen Professor in der unglaublich großzügig gebauten neuen Universität von Leopoldville, die sogar über einen Reaktor verfügt. Einem Mißverständnis zufolge erschien ich im Zimmer des Professors just in dem Moment, in dem er zu einer Vorlesung gehen wollte. Wir begannen ein Gespräch, redeten uns fest, und rasch war eine Viertelstunde vergangen. Da klopfte es an die Tür. Zwei kongolesische Studenten, die ihren Meister holen wollten, steckten den Kopf zur Tür herein. Der Professor forderte sie auf einzutreten, und sofort entspann sich eine angeregte Unterhaltung. Schließlich – die Stunde mußte längst vorüber sein – brachen wir gemeinsam auf, und ich ersuchte die beiden, ihre Kommilitonen um Verständnis für den Ausfall des Kollegs zu bitten.

»Was für Kommilitonen?«

»Nun, die anderen, die vergeblich auf den Professor gewartet haben.«

»Es gibt in meinem Fach nur diese zwei«, sagte der Professor ein wenig verlegen. Tatsächlich studieren zur Zeit in Leopoldville insgesamt nur 263 Kongolesen.

Der Kongo ist weder eine historische noch eine ethnische Einheit. In diesem riesigen Gebiet haben seit Jahrhunderten, wahrscheinlich seit dem Jahre 1000, unendlich viele Wanderungen stattgefunden. Könige haben Reiche gegründet, die wieder von anderen Herrschern zerstört oder unterworfen wurden. Die ganze Vielfalt von Stämmen, Sitten, Sprachen in diesem riesigen Gebiet (ein Drittel der Größe der USA) wurde nur durch das von Europäern geflochtene Netzwerk zusammengehalten, an dem die belgische Verwaltung und Industrie und – nicht zu vergessen – die katholischen Missionen während achtzig Jahren geknüpft haben.

Bis zum Jahre 1954 gab es ausschließlich Missionsschulen und keine einzige staatliche Schule. Es gab bis 1948 nur Volksschulen, allerdings so viele, daß sechzig Prozent aller Kinder eingeschult worden sind – ein Erfolg, den kein anderes afrikanisches Land aufzuweisen hat. Mittlere und höhere Schulen aber wurden erst 1948 gegründet, und darum standen erst 1956 die ersten Anwärter für ein Universitätsstudium zur Verfügung. Ergebnis: 1960, also im Jahr der Unabhängigkeit, studieren an den beiden Universitäten Leopoldville und Elisabethville zusammen weniger als fünfhundert Studenten, und das bedeutet, daß im Laufe der nächsten vier Jahre diesem riesigen Staat nur ein paar Hundert angehende Fachleute zur Verfügung stehen werden.

Noch nirgends in Afrika habe ich so sehr wie hier das Gefühl gehabt, Zeuge eines atemberaubenden, geradezu abenteuerlichen Experiments zu sein. Denn hier erhält ja ein Land seine politische Unabhängigkeit, das noch nicht einmal über eine politische Elite verfügt. Hier wird das Wohl und Wehe einer hochentwickelten kapitalistischen Wirtschaft einer Handvoll politisch unerfahrener und fachlich ungebildeter Leute überlassen.

Mein Haupteindruck nach drei Wochen Belgisch-Kongo: Es ist mehr geschaffen worden, als ich irgendwo anders in Afrika sah. Während die meisten europäischen Völker die Ersparnisse jahrzehntelanger wirtschaftlicher Blüte in zwei Weltkriegen vernichteten, haben die Belgier im fernen Afrika still und unermüdlich gearbeitet und dort Million auf Million investiert. Was man heute hier sieht, ist der Triumph des Kapitalismus mit all seinen Stärken und Schwächen.

Dieses Land ist wie ein Konzern geleitet und verwaltet worden: höchste *efficiency* und Rentabilität, langfristige Investitionen, eine hochentwickelte Sozialbetreuung (Kinderzulagen, Krankenversicherung, Invalidenrenten), großzügige Städte ohne Slums, modernste Flugplätze. Und das Ganze von einer kompetenten Beamtenschaft verwaltet.

So könnte dieses als Konzern regierte Land für vorbildlich gelten, hätten seine »Manager« nicht eins vergessen, nämlich daß es bei ihren Unternehmen nicht etwa um die Produktion von Öl geht, sondern um die staatliche und gesellschaftliche Organisation von Menschen, die man mit Recht als *zoon politikon* bezeichnet. Sie haben mit anderen Worten etwas sehr Wesentliches vergessen, nämlich das Politische.

Man hat geglaubt, die Kongolesen würden zufrieden sein, wenn sie eine allgemeine Volksschulbildung und eine vorbildliche Sozialgesetzgebung »genießen« könnten und im übrigen von den Belgiern makellos und optimal verwaltet würden. Dies aber war ein Irrtum.

März 1960

Die Luluas und die Balubas

Nun fallen sie wieder übereinander her, die Luluas und die Balubas. Ich sah vor ein paar Wochen ihre abgebrannten Dörfer in Belgisch-Kongo. Ein bißchen graue Asche, ein paar verkohlte Hölzer und zusammengefallene Lehmmauern: zerstörte Armut – ein melancholischer Anblick. Wenn die alten Stammesfehden aufbrechen, dann kann man sich auf alles gefaßt machen, sagen die Leute.

Die »alten Stammesfehden« ist eigentlich in diesem Fall nicht ganz richtig. Diese Fehde ist nämlich nicht älter als die europäische Einwanderung im Kongo. Ursprünglich waren die Balubas mehr oder weniger die Sklaven der Luluas, die dafür bekannt sind, daß ihre Leidenschaft das Jagen und der Müßiggang sind, ganz gewiß aber nicht das Arbeiten.

Als die Europäer kamen, stellten diese bald fest, daß die Balubas arbeitsame, der neuen Zivilisation zugetane Leute waren. Überall dort, wo die Belgier größere Siedlungen anlegten, Verkehrszentren oder kleine Industrien gründeten, zogen sie Balubas nach als Arbeiter, Diener oder Angestellte. Oft aber fügte es sich so, daß diese Zentren zum Gebiet der Luluas gehörten, die sich selber von der Welt der Weißen distanziert hielten und mit Mißfallen beobachteten, wie immer mehr Balubas in ihre Gefilde eindrangen.

So wurde damals der Keim zu dem abgründigen Haß gelegt, der nun (wahrscheinlich geschürt durch die neuen politischen Parteien) wieder aufbricht: Landknappheit und Postenneid. Denn die Balubas, die sich der modernen Zivilisation sehr viel früher und besser anpaßten, haben heute weit mehr Posten inne als ihre Widersacher.

Der Vizegouverneur von Belgisch-Kongo, Monsieur La Fontaine, ist persönlich nach Luluabourg, der Hauptstadt jenes Gebietes, gezogen, um dort Ordnung zu schaffen. Er erzählte mir eine besondere und amüsante Version zu diesem Thema – eine Geschichte, die, wie er sagte, fest in der Vorstellung der Luluas verankert sei:

Der erste Europäer, der Anfang der achtziger Jahre nach Luluabourg kam, war ein Deutscher, Hermann von Wissmann, der spätere Gouverneur von Deutsch-Ostafrika. Er freundete sich mit dem Häuptling der Luluas an und gründete Luluabourg. Als dann aber die Berliner Konferenz 1885 den Kongo den Belgiern zusprach, wurde Wissmann zurückgerufen. Er nahm Abschied von seinem Freund, dem Häuptling, indem er zu ihm sagte: »Jetzt werden Europäer kommen, Vertreter eines kleinen, unbedeutenden und armen Volkes. Sie werden sich bestimmt nicht lange halten können. Wenn sie in einigen Jahren abziehen, dann kommen wir, die Deutschen, wieder.«

Vizegouverneur La Fontaine berichtete dann weiter, wie bald darauf die ersten Belgier in Luluabourg ankamen, eine elend zusammengeschrumpfte, reichlich abgerissene Expedition, die dem Häuptling ihre letzte Habe, einen Sack Salz, zum Geschenk machte. Der Häuptling, der dieses Geschenk mit den von Wissmann überbrachten Waffen und anderen Reichtümern verglich, sah in dieser Gabe eine Bestätigung für die Aussagen seines deutschen Freundes. Darum beschloß er, abzuwarten und sich nicht festzulegen.

Der Vizegouverneur, ein amüsanter, unkonventioneller und weltläufiger Herr, meinte, er habe gar keinen Zweifel daran, daß der Grund für die sehr reservierte Einstellung der Luluas den Belgiern gegenüber auf das Versprechen Wissmanns zurückzuführen sei, die Deutschen würden eines Tages zurückkommen.

Ich habe so viele Beweise geradezu phantastischer Gedächtnisbewahrung bei Afrikanern erlebt, daß ich keinen Moment an dieser Feststellung zweifle.

März 1960

Ein Meisterstück englischer Kolonialverwaltung

Als der Ministerpräsident Nigerias, Sir Abubaker Tafawa Balewa, kurz vor der Unabhängigkeit seines Landes im Parlament in Lagos verkündete, daß die Armee vergrößert werde und erwogen würde, vielleicht sogar eine Luftwaffe aufzubauen, erhielt er stürmischen Beifall.

Schade, daß denen am Vorabend ihrer Selbständigkeit nichts Besseres einfällt, als Geld für die Militarisierung auszugeben, dachte ich, als ich einer Parlamentsdebatte beiwohnte, bei der Opposition und Regierung sich geradezu überboten in ihren Forderungen nach »Aufrüstung«.

»Sie müssen bedenken«, meinte der englische Generalgouverneur, dem ich meine Verwunderung vortrug, »achttausend Mann sind für ein Land von fünfunddreißig Millionen Einwohnern ja nun auch wirklich sehr wenig. Und wenn Nigeria erst unabhängig ist, dann gibt es auch nicht mehr die Möglichkeit, in Notfällen auf britische Verstärkung zurückzugreifen.«

Um was für Notfälle es sich dabei wohl handeln könnte? Nigeria betrachtet all seine Nachbarn mit einer gewissen Sorge. Da ist im Osten die neue Republik Kamerun, in der seit Monaten »Mord und Totschlag« herrschen – zwei nigerianische Bataillone sind bereits an dieser Grenze stationiert. Mit wachsendem Argwohn beobachtet die Regierung ferner Nkrumahs Forderungen Togo gegenüber, und in der französischen *Communauté*, mit der Nigeria fast zweitausend Kilometer Grenze teilt, scheint auch keineswegs eine Garantie für Stabilität gegeben.

»Was geschieht denn überhaupt, wenn das Land unabhängig wird?«

»Dann wird man eine Woche lang feiern.«

»Nein, ich meine, welche Veränderungen werden eintreten?«

»Gar keine.«

Gar keine ... So unglaubwürdig diese Antwort, die ich von »Weiß« und »Schwarz« immer wieder bekam, zunächst auch schien, sowenig Gegenteiliges konnte ich während eines dreiwöchigen Aufenthaltes entdecken. Denn die Regierung ist bereits rein afrikanisch besetzt, die Verantwortung für ihre Finanzen tragen die Nigerianer seit Jahren selbst, und das Bundesparlament ist im Dezember 1959 für fünf Jahre gewählt worden, so daß Gewähr für Kontinuität gegeben ist.

»Aber irgend jemand muß doch abreisen, wenn ein Kolonialland souverän wird, beispielsweise der Generalgouverneur«, beharrte ich. Antwort: »Ja, der reist auch ab, aber nicht sozusagen grundsätzlich, sondern eigentlich nur zufällig, weil er die Altersgrenze erreicht hat.« Offenbar hätten die Nigerianer ihn gern behalten. Denn sie haben nichts gegen ihn, und da sie ohnehin unter der Krone zu bleiben gedenken, werden sie auch wieder einen neuen *Governor General* als Vertreter der Königin bei sich empfangen.

In keinem anderen Land Afrikas, so scheint mir, gibt es eine so glücklich ausgewogene Mischung aus Tradition und moderner Zivilisation wie in Nigeria. Viel ist für den Ausbau eines guten Straßensystems getan worden. Nirgends traf ich so kompetente, so heitere, komplexlose und selbstsichere Minister, Politiker, Wissenschaftler, ja Menschen überhaupt wie in Ost- und Westnigeria. Seit Jahrzehnten haben die Engländer dort die Selbstregierung vorbereitet. Es gibt eine hervorragende Schule für Verwaltungsbeamte in Zaria. Fünftausend Nigerianer studieren im Ausland, über tausend in Ibadan in der westlichen Region. Und, höchst bemerkenswert: ein Drittel der zweihundertzwanzig Professoren und Dozenten dieser Universität Ibadan sind Afrikaner.

»Wie kommt es eigentlich«, fragte ich einen hohen englischen Beamten, »daß sich hier im Gegensatz zu Rhodesien alles so reibungslos und kontinuierlich entwickelt hat?«

»Vielleicht«, so meinte er, teils nüchtern, teils spöttisch, »weil das Klima hier jede Versuchung, lange zu bleiben oder gar sich festzusetzen, ausschloß.« In Afrika ist also offenbar ein gutes Klima schlecht für die politische Entwicklung und ein schlechtes Klima gut für sie.

April 1960

Ein schwarzer Bischof irrte durch die Stadt

»Wieviel Einwohner dieser Ort hat? Etwa achthundert.« Ich hätte ihn mindestens auf achttausend geschätzt.

»Ich meine achthundert Europäer«, setzte mein rhodesischer Gesprächspartner hinzu, als er mein verblüfftes Gesicht sah. Schwarze sind in seinen Augen offenbar keine Einwohner.

Ja, man muß sich umstellen. Wenn man Ghana, Nigeria oder die Republiken der französischen *Communauté* verläßt, dann beginnt man plötzlich zu spüren, daß das Verhältnis der Rassen zueinander nicht mehr so selbstverständlich und unbeschwert ist wie in Westafrika.

Wie heiter und unternehmungsfroh hatte ich die Nigerianer mit ihren bunten, wallenden Nationaltrachten in Erinnerung. Wie viele amüsante Unterhaltungen hatten sich dort stets und überall ergeben! Keine Veranstaltung, bei der nicht die überwiegende Mehrheit von schwarzer Hautfarbe war. Doch von nun an, so sollte ich bald feststellen, bedurfte es schon großer Anstrengungen, um überhaupt mit Afrikanern zusammenzukommen und ihre Meinungen ergründen zu können.

Die erste Cocktailparty, die ich in Leopoldville im Kongo mitgemacht hatte, war mir ganz farblos erschienen, und erst nach einigem Überlegen fiel mir ein, warum: weil nur ein einziger Afrikaner zugegen war, ein katholischer Geistlicher. Es war nicht weiter verwunderlich, denn es gab damals – im März 1960 – im ganzen

Lande, das dreizehn Millionen Einwohner hat, nur sieben Akademiker schwarzer Farbe.

Wahrscheinlich darf man nicht – wie ich es tat – vom Norden nach Süden durch Afrika reisen, sondern lieber in genau der umgekehrten Richtung. Denn in die Rhodesische Föderation zu kommen, wenn man an westafrikanische Maßstäbe gewohnt ist, das ist ein Schock.

In Salisbury, der Hauptstadt der Zentralafrikanischen Föderation, die 1953 aus Nordrhodesien, Südrhodesien und Njassaland gebildet worden ist, traf ich an dem Tage ein, an dem im Parlament stundenlang das Problem der WCs debattiert wurde. Sollte diese Einrichtung *multiracial* sein – also mehrrassig – oder nicht? Das war die große Frage, die die Gemüter erregte. Nach dem Aufwand an Intensität und Argumenten zu urteilen, scheint dieses Problem dort etwa die gleiche Rolle zu spielen wie bei uns die Wiedervereinigung.

Wenige Tage später neue Erregung: In Bulawayo, der zweitgrößten Stadt Südrhodesiens, wird Englands Königinmutter demnächst eine riesige Ausstellung eröffnen, eine Ausstellung, die von ganz Afrika beschickt werden soll, also von Apartheidsgläubigen wie von Gleichberechtigungsfanatikern. Folglich müssen Hotels und Restaurants entgegen der Sitte des Landes *multiracial* sein. Zähneknirschend hatte man sich in Bulawayo mit dieser frivolen Neuerung abgefunden, da fiel jemandem wieder das leidige Problem der WCs ein. Resultat: spaltenlange Artikel in den Zeitungen, Proteststürme im ganzen Lande.

Die Ausstellungsleitung gab erschrocken ein Kommuniqué heraus und beschwor, die notwendigen Einrichtungen würden getrennt für Europäer, Asiaten und Afrikaner errichtet werden. Und, damit der Verdacht »Apartheid« gar nicht erst aufkomme, in einem Lande, wohlgemerkt, das die Parole Partnerschaft auf seine

Fahnen geschrieben hat, wird überdies noch ein *Multiracial*-WC eingerichtet »zugunsten derjenigen, die alles miteinander teilen wollen«, wie es hieß.

Und schließlich, das Thema ist unerschöpflich: In Salisbury ist ein Theater erbaut worden. Die fortschrittlichen Gründer beschlossen, Menschen aller Hautfarben seine Pforten zu öffnen – auch die vieldiskutierten »Pförtchen«. Als der Magistrat dieses Sakrileg bemerkte, setzten sich die Stadtväter in Klausur und verkündeten am Ende ihrer Sitzung, daß die Rassen im Zuschauerraum sich nur mischen dürften, wenn sie am offenbar noch wichtigeren »Ort« wieder nach Farben – Schwarz, Gelb, Weiß – getrennt würden.

Das Jameson-Hotel, in dem ich wohnte, ist das einzige Hotel in Salisbury, das eine *multiracial license* beantragt hat – also die Erlaubnis, auch Afrikaner unterzubringen. Hauptsächlich deshalb, weil die *Monckton-Commission,* zu der auch einige Afrikaner gehören, demnächst dort Wohnung nehmen wird. Ein Bischof schwarzer Farbe, der im Kongo beheimatet ist, irrte neulich ratlos durch die Stadt, weil europäische Hotels ihn nicht aufnahmen und es für Afrikaner kein Hotel gibt …

Partnerschaft ja sagen die weißen Parteiführer, sobald der gleiche Bildungsstand erreicht ist. Aber im Laufe der Unterhaltung stellt sich dann gewöhnlich heraus, daß sie überzeugt sind, ein Afrikaner werde ihr Bildungsniveau wohl nie erreichen – dabei kann man sich kaum eine Vorstellung von der Engstirnigkeit dieser Europäer machen.

In Südrhodesien gibt es sechstausend Farmer. Bei über zweihunderttausend Weißen ist das nicht allzuviel; allerdings besitzt diese Minderheit die Mehrheit des so begehrten Grund und Bodens, und das ist ein ständiger Quell der Unzufriedenheit. Aber die eigentliche Barriere, die den Afrikanern den Weg nach oben versperrt, sind die weißen Gewerkschaften. Sie seien, so sagen alle Afrikaner, die ich sprach, am bedenken- und rücksichtslosesten auf die Erhaltung der europäischen Vorrechte bedacht.

»All diese Techniker und Mechaniker«, so sagte mir ein schwarzer Politiker, »all diese Angestellten, die von großen englischen Firmen hierhergeschickt wurden und hier in Rhodesien zum erstenmal in ihrem Leben ein eigenes Haus haben, Dienerschaft und einen Wagen, sie alle wollen natürlich diese Vorteile auf keinen Fall wieder verlieren. Darum liegt ihnen viel daran, daß nur sie allein möglichst hohe Gehälter erhalten.«

»Es ist merkwürdig«, so setzte er nachdenklich hinzu, »daß die Leute, die zu Hause in England *Labour* wählen und für die Unabhängigkeit der Afrikaner eintreten, hier an Ort und Stelle zu unseren unerbittlichsten Unterdrückern gehören.«

Der Direktor einer der großen Kupferminen Nordrhodesiens, ein Engländer, bestätigte diese Aussage: »Als wir 1931 unsere Arbeit hier in Rhodesien begannen, mußten wir auch für verhältnismäßig belanglose Posten Europäer herüberholen, die man nur mit hohen Löhnen in diese unwirtliche Gegend locken konnte. Diesen Zustand zu verewigen war stets das Ziel der weißen Gewerkschaften.«

Die große Gelegenheit der Gewerkschaften kam aber während des Zweiten Weltkrieges. Im Mai 1940 – zur Zeit des Frankreichfeldzuges –, als die Devise lautete, um jeden Preis soviel Kupfer zu produzieren wie irgend möglich, erpreßten sie unter Streikandrohung von den Gesellschaften die Zusicherung, daß »europäische Jobs« nicht an Afrikaner übertragen würden. Auf diese Weise kam damals eine Rangliste zustande, die dafür sorgte, daß den Afrikanern nur schlechtbezahlte, niedrige Dienste überlassen blieben. Seither haben die Gewerkschaften immer weiter darum gekämpft, den gesellschaftlichen und wirtschaftlichen Aufstieg der Afrikaner zu verhindern.

Nach dem Krieg gelang es freilich den schwarzen Gewerkschaften, die sich in Nordrhodesien inzwischen gebildet hatten, der weißen Bruderorganisation das Versprechen abzuringen, dem Aufstieg afrikanischer Arbeiter nicht mehr im Wege zu stehen. Gleiche Löhne für beide! Diese Anwandlung theoretischer Gerechtigkeit schob aber jeder praktischen Gerechtigkeit einen Riegel vor – denn angesichts der Forderung: Gleicher Lohn für Schwarze und Weiße, haben die Afrikaner nun überhaupt keine Chance mehr, weil jeder den weißen Arbeiter bevorzugt.

Jetzt sind sie vollends in der Zwickmühle. Denn dort, wo die afrikanischen Arbeiter avanciert sind, das heißt, wo sie bereits die gleiche Arbeit leisten wie ihre europäischen Kollegen, erhalten sie nach altem Brauch nur etwa ein Sechstel des Lohnes, den jene bekommen – denn dies ist vorderhand noch die Praxis. Erheben sie aber die Stimme und fordern, wozu die Theorie ihnen das Recht gibt, Gleichberechtigung – gleicher Lohn für beide Rassen! –, so werden sie gar nicht erst eingestellt.

Die Augen der Welt blicken augenblicklich zornig auf die Buren in Südafrika. Aber was die Engländer – vielmehr die britischen Kolonialisten – in der Rhodesischen Föderation veranstalten, ist im Grunde das gleiche.

April 1960

Schwarz und Weiß in Südafrika

Wenn man aus West- und Zentralafrika kommt und durch die eintönige, menschenleere Urlandschaft Betschuanalands nach Südafrika hineinfährt, dann ist der erste, alles andere überschattende Eindruck: »Dies hier ist ein weißes Land.« Bis an den Horizont dehnen sich große Schläge, üppige Maisfelder und Viehkoppeln. Verschwunden sind Steppe, Dornbüsche, Urwälder und die vielgestaltigen kleinen Ackerflächen, die des Afrikaners Hacke hier und dort der Wildnis abgerungen hat. Man meint eher durch Texas zu reisen als durch Afrika.

Dieses »weiße Land« wird von zehn Millionen Afrikanern, eineinhalb Millionen Mischlingen und Asiaten und von nur drei Millionen Europäern bewohnt. Aber die Europäer, die 1652 die erste Niederlassung am Kap gründeten, sind eben schon seit dreihundert Jahren im Lande und haben ihm darum das bestimmende Gepräge gegeben; die Europäer, das heißt die Holländer und Engländer, die jahrhundertelang miteinander rivalisierten.

Heute scheint das entscheidende Problem das Verhältnis von Schwarz und Weiß zu sein. Aber die alte intereuropäische Rivalität wirkt psychologisch noch immer als wichtiger Faktor weiter, weil die Buren im Kampf gegen die Engländer jenen Nationalismus entwickelt haben, der wiederum ihr puritanisches Sendungsbewußtsein und wohl auch ihr Rassenbewußtsein verstärkt hat. Beide, das Sendungsbewußtsein wie der

Rassenstolz, stehen heute einer »vernünftigen« Entwicklung im Wege.

Einer vernünftigen Entwicklung, was heißt das? Die Südafrikaner sind sehr empfindlich gegenüber jeder kritischen Analyse durch Außenstehende; übrigens berechtigterweise, denn die Probleme sind so kompliziert, daß ein »Zugereister« sich sicherlich nie anmaßen kann, sie besser zu verstehen als ein Eingesessener. Eines freilich vermag der von außen Kommende sehr viel besser zu beurteilen als der Einheimische, nämlich was in der Welt vorgeht und was die Stunde geschlagen hat. Und das scheint mir ein wichtiger Punkt zu sein, den hierzulande niemand so recht bedenkt.

Die Südafrikaner (genau wie ihre Nachbarn in der Zentralafrikanischen Föderation) meinen, das Aufbegehren der Bantus sei lediglich einigen Extremisten zuzuschreiben, die durch die UN, durch Moskau oder auch durch die Amerikaner vom Wege der Tugend abgebracht wurden. Die Masse der Schwarzen, so meinten sie bisher, sei mit der Herrschaft der Weißen sehr zufrieden, zumal sie in der Union wirtschaftlich besser gestellt sind als anderwärts.

Sie glauben, was heute in Südafrika vor sich geht, sei ein isolierter Vorgang, sozusagen zufälliger Natur, und Wiederholungen seien bei einiger Entschlossenheit durchaus vermeidbar. Sie sehen nicht, daß diese Ereignisse Teil einer großen, weltumspannenden sozialen Revolution sind, bei der das Farbenproblem nur einen Teilaspekt darstellt – man könnte sagen: noch erschwerend hinzukommt. Nämlich Teil einer sozialen Revolution, die seit 1789 Europa verwandelt, zu Beginn unseres Jahrhunderts Rußland ergriff und seit dem Zweiten Weltkrieg in Indien die Maharadschas, in Ägypten die Paschas und jetzt in den unabhängigen afrikanischen Staaten die Häuptlinge »entthront« hat.

Mit anderen Worten: Wir erleben überall, wie eine hierarchische Gesellschaft in eine egalitäre Gesellschaft umgewandelt wird. Genau dies aber sind die Südafrikaner fest entschlossen, bei sich zu verhindern. Die Ereignisse von Sharpeville haben gezeigt, daß sie bereit sind, alle ihnen zur Verfügung stehenden Mittel – Waffen, Ausnahmezustand, Haftbefehle – einzusetzen, um die europäische Vorherrschaft aufrechtzuerhalten. Und kein Zweifel, daß sie über die nötigen Machtmittel verfügen.

Kein Zweifel aber auch, daß die letzten Ereignisse die Grenzen dieser Macht ahnen lassen. Die Zeitspanne, in der man sie wird ausüben können, muß sich zwangsläufig in dem Maße verkürzen, wie man die gemäßigten Führer der Afrikaner einsperrt und auf diese Weise dazu beiträgt, daß sie durch immer radikalere ersetzt werden.

Häuptling Luthuli, ein maßvoller (viele Afrikaner finden, zu maßvoller) Führer des *African National Congress* und ein betonter Christ, wurde vor vier Jahren als Zentralfigur der damaligen Unruhen verhaftet. Bis gestern ist er für eine schwarz-weiße Zusammenarbeit eingetreten, was vor zwei Jahren dazu führte, daß der rassenbewußte Flügel unter Sobukwe absplitterte und den sehr viel extremeren *Pan African Congress* gründete. Jetzt sind Luthuli und Sobukwe zusammen mit vielen anderen Führern und zugleich mit mehreren europäischen Liberalen eingesperrt worden. Ob er auch heute noch nach den blutigen Ereignissen von Sharpeville für Zusammenarbeit der beiden Rassen ist?

Viele Kenner des südafrikanischen Schauplatzes befürchten, daß die zwangsläufig in immer jüngere und immer inkompetentere Hände abgleitende Führung der Bantu-Bewegung von der großen Zahl krimineller und »halbstarker« Jugendlicher infiltriert werden wird, die ohnehin den Schrecken der großen Städte Südafrikas bilden. Wenn das geschieht, dann würde binnen kurzem die verantwortliche, politisch denkende schwarze Minorität von einem unverantwortlichen terroristischen Mob überwältigt werden, der die Masse der Schwarzen zum Aufstand zwingt.

Was ist denn eigentlich die Politik der Regierung? Die Devise, mit der Malans nationales Kabinett 1948 antrat, lautete: Zurückdrängung der Bantus in ihre Gebiete. Das allgemeine Gefühl, Smuts habe auf diesem Gebiet zu wenig getan, war ja die Ursache für den Regierungswechsel. »Totale Gebietstrennung« forderte Malan daher. Und Dr. Eiselen, heute Staatssekretär im Ministerium für Bantu-Angelegenheiten und -Entwicklung, schrieb damals:

»Das Endziel ist die Trennung von Weißen und Eingeborenen in eigene, auf sich selbst gestellte Gesellschafts- und Wirtschaftseinheiten.« Er fügte hinzu, daß dies nicht über Nacht geschehen werde, daß aber beispielsweise ein Zwanzigjahresplan »keine einzige Härte mit sich brächte, sondern sich als nützliche Politik für Weiß und Schwarz gleichermaßen erweisen werde.

Das eigentliche Kernproblem Südafrikas ist doch, wie man die Beziehungen der verschiedenen Rassen zueinander ordnen kann. Wenn aber die Entflechtung der Rassen, wie viele meinen, nicht möglich ist, dann müßte man eben die Frage neu stellen. Zum Beispiel sollte man fragen: Wie kann man die Kontakte so gestalten, daß ein Zusammenleben der Rassen ohne restlose Unterwerfung der einen Gruppe durch die andere möglich wird?

Schließlich gibt es doch für beide gemeinsame Interessen, die keine der beiden Rassen für sich allein wahrnehmen könnte. Schließlich haben doch beide das gleiche Vaterland. Im Grunde also eigentlich genügend

Voraussetzungen für ein mögliches Zusammenleben. Man muß nur alle Wege noch einmal neu überdenken; sonst gerät man immer tiefer in die Sackgasse.

Doch das klingt schon fast wie ein Ratschlag. Und Ratschläge, auch von befreundeten Außenseitern, sind in Südafrika nicht beliebt.

Mai 1960

Südafrikas Angst vor dem Schritt nach vorn

Je länger man in diesem Lande herumreist und je mehr Menschen man spricht, desto deutlicher spürt man: Diese Leute haben immer wie in einer belagerten Festung gelebt. Neulich in Stellenbosch, der ältesten Universität Südafrikas, saß ich neben einem Professor, dessen Mutter während des Burenkrieges im Konzentrationslager sechs Kinder verlor, dessen Großvater sein Farmhaus und alle Habe durch die Überfälle kriegerischer Stämme eingebüßt hatte und dessen Urgroßvater als Kind den großen Zug der »Vortrecker« hatte mitmachen müssen. In ihm war das Leid von vier Generationen präsent.

Dieses Leben in äußerster Härte und ständiger Bedrohung hat ein robustes Volk geschaffen, dem es näherliegt, zu kämpfen, durchzuhalten und »den Helm fester zu binden«, als ein subtiles politisches Denken zu pflegen oder die Kunst, Kompromisse zu schließen.

Neulich sprach ich mit dem Chef des hiesigen Rundfunks über die UN-Sitzung und vertrat dabei den Standpunkt, es sei höchst erfreulich, daß der Westen die Schlacht nicht verloren habe. Hohngelächter und Mißbilligung auf der anderen Seite: »Wenn ihr im Westen so billig spielt, ja wenn ihr schon froh seid, nicht zu verlieren, dann kann man sich wirklich keinen Illusionen über Europa hingeben!«

Die Südafrikaner wollen mehr als nur die Hoffnung, nicht zu verlieren. Sie wollen die Garantie, alles zu behalten, was sie mühsam erkämpft haben, sie wollen ihre politischen Vorrechte und ihre ökonomischen Positionen bewahren – und zwar auf lange, auf sehr lange Zeit hinaus. Und weil sie absolute Sicherheit und totale Garantie für dieses Ziel wollen, haben sie das Bestreben, sich in ihrer heute noch scheinbar günstigen Position einzubetonieren. Sie übersehen dabei, daß man in einer Welt, die sich unheimlich rasch verändert, heute keine Garantien für morgen und übermorgen schaffen kann.

Ihrem ganzen Denken haftet etwas merkwürdig Statisches an. Dies aber kann in einer überaus dynamischen Welt sehr gefährlich sein. Geschäftsleute wissen, daß Stillstand in einer expansiven Wirtschaft tödlich ist und daß es nur den Weg nach vorn gibt. Politiker wissen es offenbar nicht immer. Es ist aber ein Irrtum, zu glauben, man könnte die Stellung, die die weiße Minderheit heute hat, auf Jahrzehnte hinaus bewahren, indem man sich in der heutigen Position verschanzt und einigelt. Nur wenn man den Mut zu einem Durchbruch nach vorn hat, kann man hoffen, sie auch morgen noch zu haben.

Südafrika hat alles, wovon andere Leute träumen. Es hat riesige Bodenschätze, verfügt über Kapital und unbegrenzte Arbeitskräfte. Aber es hat noch etwas, was alle diese Reichtümer zunichte macht oder sie jedenfalls nicht zur vollen Auswirkung kommen läßt: Es hat Angst.

Die Afrikaans sprechende Bevölkerung hat Angst vor der Englisch sprechenden, und umgekehrt. Die Weißen haben Angst vor den Schwarzen, die Schwarzen vor den Weißen. Die, die Arbeit haben, haben Angst vor denen, die keine haben. Jene, die keine Arbeit haben (weil sie kein *permit* bekommen oder irgendwelche Bestimmungen ihnen die Arbeitsstellen verwehren), haben Angst vor dem Hunger, und darum fordern sie das letzte zuerst: *one man, one vote* – das allgemeine Wahlrecht.

Da die Schwarzen in den letzten Jahren immer wieder die Erfahrung gemacht haben, daß sie benachteiligt werden, glauben sie erst dann Gerechtigkeit erlangen zu können, wenn sie selbst die Regierung in die Hand nehmen. Diese Vorstellung wiederum beängstigt die Weißen derart, daß sie immer neue Reglementierungen und Gesetze erfinden, um sich die Schwarzen vom Leibe zu halten. Die Angst aber und das Bestreben, die weiße Position zu stärken, führen im Grunde genau zum Gegenteil, also zu einer Schwächung der Weißen, insofern nämlich, als übertriebene Maßnahmen den Bantu-Nationalismus anstacheln und ein militantes schwarzes Solidaritätsgefühl erzeugen.

Wenn man sich einmal das Farbenproblem wegdenkt, dann tritt darunter das gleiche soziale Problem zutage, das Europa jahrhundertelang – von der Französischen bis zur Russischen Revolution – geängstigt hat: die Spannung zwischen den Klassen. Hier die Privilegierten, die ihre Vorrechte bewahren wollen, dort die eifersüchtigen Unterdrückten, die nach Ausgleich und Aufstieg streben. Das Farbenproblem, dem so viele irrationale und emotionale Momente anhaften, kommt in Südafrika dann noch erschwerend hinzu.

Zu der wirtschaftlichen Seite dieses Problems ist folgendes zu sagen: Die Arbeitgeber, die an billigen Löhnen interessiert sind, vergessen ganz, was schon Henry Ford nachgewiesen hat, daß nämlich die moderne Massenproduktion nur bei hohen Löhnen und entsprechender Massenkaufkraft funktionieren kann. Dabei ist Südafrika mit seiner hochentwickelten Industrie wohl das einzige Land dieses Kontinents, das aus dem tödlichen Kreislauf von Kapitalmangel und mangelnder Kaufkraft verhältnismäßig leicht herauskönnte.

Ferner: Die Gewerkschaften und die Regierung, die ängstlich darauf bedacht sind, die Bantus nicht über die unterste Stufe hinauskommen zu lassen *(»job-reservation«)*, irren sich, wenn sie glauben, daß es in einer Volkswirtschaft ein bestimmtes Pensum an Arbeit gäbe, das für den einzelnen immer kleiner wird, je mehr Hände sich darein teilen. Sie sollten wissen, daß mehr Arbeitskräfte neue Arbeitsmöglichkeiten schaffen.

Es ist schwer, dieses Land und seine Menschen zu verstehen: Manchmal ist man verblüfft über so viel Selbstgewißheit und dann wieder erschrocken über den Mangel an Selbstvertrauen…

Oktober 1960

Gespräch mit Ministerpräsident Verwoerd

Der Tee und Berge von Kuchen und Torten waren abgeräumt worden – die Unterhaltung konnte beginnen. Der Ministerpräsident von Südafrika, H. F. Verwoerd, lehnte sich zurück. Er wirkte gelassen und heiter. Die Haare weißgrau, die Augen klein und behende: Verwoerd strahlt Wohlwollen und eine gewisse Listigkeit aus. Seine Einwürfe sind rasch, seine Lust am Dozieren ist groß.

Wir – fünf Journalisten verschiedener Nationalität – saßen ihm gegenüber in seiner Residenz *Libertas*, einer Mischung von Palais und Villa, würdig, ohne bombastisch, modern, ohne extravagant zu sein. Den mit Möbeln überreichlich angefüllten Salon zieren ein schöner früher Gobelin und einige eher kleinbürgerlich wirkende Bilder. Durch das Fenster sieht man in einen großzügigen Park, hinter dem sich die unendliche Weite des südafrikanischen Landes breitet.

»Werden Sie, Herr Ministerpräsident, jetzt, nachdem das Referendum Ihnen die Vollmacht gibt, den langgehegten Wunsch der britischen Bevölkerung zu erfüllen und Südafrika von der britischen Krone zu lösen, gewisse Modifikationen Ihrer bisherigen Politik zulassen?«

»Nein, ich sehe keinerlei Veranlassung dafür.«

»Ich meine, daß den Afrikanern in ihren städtischen Bezirken das Recht zur kommunalen Selbstverwaltung eingeräumt wird oder daß beispielsweise die Stellung der *coloured* – der Mischlinge also – in politischer und wirtschaftlicher Hinsicht verbessert wird?« (In der Kap-

Provinz hatte ich allenthalben die Meinung gehört, den eineinhalb Millionen Mischlingen, die den drei Millionen Weißen näherstehen als die Afrikaner oder die Inder, würden jetzt gewisse Rechte eingeräumt werden. Ein einleuchtender Gedanke, da auf diese Weise die Front der nichtweißen Majorität geschwächt würde.)

Der Ministerpräsident gibt einen historischen Abriß, bei dem die Vorfahren der Südafrikaner vorteilhaft von den Amerikanern abstechen, die bei ihrem Vorrücken die Indianer umgebracht haben, während die Buren die Schwarzen, die erst allmählich von Norden einsickerten, gewähren ließen: »Sollen wir heute darunter leiden, daß unsere Ahnen christlich und menschlich handelten? Nein, ich sage Ihnen, dieses ist weißes Land, und jede Konzession den Schwarzen gegenüber erzeugt nur den Wunsch nach neuen Konzessionen. Nehmen Sie beispielsweise Kenia. Dort wollten die Eingeborenen vor einigen Jahren nichts weiter als nur in einem beratenden Gremium vertreten sein. Heute fordern sie bereits die Unabhängigkeit.«

Ein französischer Journalist fragt, ob denn die Schwarzen in alle Zukunft von einer Mitwirkung bei der Regierung ausgeschlossen sein sollen.

Gegenfrage Verwoerds: »Geben Sie denn den Italienern, die in Frankreich einwanderten, das Wahlrecht? Wenn bei Ihnen, sagen wir, neun Millionen Russen ins Land kämen, würden Sie die als gleichberechtigte Bürger behandeln?«

Der Franzose findet das Beispiel schief und löst damit eine ärgerliche Bemerkung des Präsidenten aus: »Sie können sicher sein, daß wir uns durch Druck von außen nicht von unseren Plänen abbringen lassen, im Gegenteil …«

»Könnten Sie uns so etwas wie einen Plan andeuten, vielleicht einen Fünf- oder Zehnjahresplan, in dem durch politische Erziehung und technische Ausbildung die Schwarzen auf eine Mitregierung oder eine Selbstregierung vorbereitet werden?«

Verwoerd sieht mich fast verwundert an und verneint. Er will sich nicht festlegen. Und dann folgt ein langes Kolleg des ehemaligen Professors der Psychologie über die Apartheid, die Notwendigkeit einer getrennten Entwicklung der verschiedenen Rassen und Gruppen. In den vier klassischen Staaten Transvaal, Oranje-Freistaat, Natal und Kap-Provinz werden die Weißen leben; in acht Reservaten, die etwa fünfzehn Prozent des gesamten Landes ausmachen, die Schwarzen.

Es wäre absurd, so sagt der Ministerpräsident, die Afrikaner einfach zu Nachahmern der Weißen zu machen und ihnen eine westliche Demokratie aufzuzwingen. Es handele sich vielmehr darum, ihre Persönlichkeit als Volk, als Rasse zu erhalten, ihre traditionellen Gemeinschaftsformen sowie die Autorität der Häuptlinge wieder zu entwickeln, das aber sei nur innerhalb geschlossener, homogener Gruppen möglich. Dies geschehe zur Zeit in den Reservaten, an deren Rändern Industrien angesiedelt werden sollten, um den Afrikanern auf die Dauer die gleichen wirtschaftlichen Chancen zu bieten, die sie in den weißen Gebieten hatten. Und ganz am Schluß werde Südafrika – die vier weißen und die acht schwarzen Staaten zusammen – so eine Art *Commonwealth* bilden. Ja, genau wie das *Commonwealth* selbständiger Staaten werde das Ganze sein.

»Dann sehen Sie, Herr Ministerpräsident, also vor, daß es in den Bantu-Staaten schwarze Ministerpräsidenten, Kabinette und Parlamente geben wird?«

»Ja, genau dies.«

»Aber wie und wann wird man denn das Häuptlingssystem, das jetzt dort wiederbelebt wird, in eine moderne, parlamentarische Demokratie transformierend?

»Oh, you can't do it overnight.«

You can't do it over night... es geht nicht über Nacht – das ist die Feststellung, die ich in Südafrika immer wieder höre. Sie und dann jene andere: »Wir haben tausend Jahre gebraucht; die sollen sich nicht einbilden, daß sie das schneller können.« Als müßten noch nach der Erfindung des Bulldozers die Afrikaner erst einmal ein paar Generationen lang ihre Straßen mit den Spaten planieren! Als hätten die Japaner uns nicht vorexerziert, daß sie nur fünfzig Jahre brauchten, um zur Industriemacht zu werden. Und die Russen schließlich waren vor vierzig Jahren, ehe sie als erste den Weltraum zu erforschen begannen, in ihrer Majorität ein Volk von abergläubischen Analphabeten. Gewiß, die Afrikaner sind weder Japaner noch Russen – aber die Sache mit den tausend Jahren ...

Als ich vor acht Monaten in Njassaland war, erging man sich dort in ähnlichen Zeitangaben. Inzwischen aber sind offenbar von den tausend Jahren schon weit über neunhundert vergangen. Das Ganze ist ein Wettrennen mit der Zeit. Und Verwoerds Plan braucht mehr Zeit, als die Entwicklung der Welt ihm voraussichtlich lassen wird.

Was ist denn eigentlich Verwoerds Plan? Sein Plan ist, den Mehr-Rassen-Staat nicht durch Integration zu verwirklichen, sondern durch Separation und Desintegration. Jede Gruppe soll für sich leben: die drei Millionen Weißen, die neun Millionen Schwarzen, die eineinhalb Millionen Mischlinge und die halbe Million Inder. Wo sie bisher durcheinander siedelten, da sollen sie laut Gesetz *(Group Area Act)* jetzt auseinandersortiert werden.

In der Stadt Durban zum Beispiel müssen allein

hundertzwanzigtausend Inder von einem Stadtteil in den anderen ziehen. Dabei werden ihnen zwar neugebaute Häuser angeboten, die viel besser sind als die alten, aber der Nachteil ist: sie verlieren ihr Eigentum an Grund und Boden, denn die Unterstellung ist ja, daß in den weißen Gebieten nur Weiße Eigentum haben dürfen. Wenn die *Group Area Act* wirklich durchgeführt werden würde, dann müßten Millionen von Menschen umgesiedelt werden.

Innerhalb der Bantu-Gebiete, also innerhalb der schwarzen Reservate, gibt es einstweilen auch keine Ruhe. Dort nämlich werden die Schwarzen nach ethnischen Gesichtspunkten, also nach Stämmen, zusammengerückt und hin und her gesiedelt. Es ist, als mache sich ein gigantischer Ordnungsfanatiker daran, aus dem Teppich, den die Geschichte gewoben hat, alle Fäden wieder herauszuziehen, sie nach Farben zu ordnen und dann wieder neu zu verweben.

Die wirklichkeitsfremde Prämisse, alle Schwarzen hätten ihre Heimat im Reservat und seien nur vorübergehend in den Städten (obgleich ihre Zahl in den letzten vierzig Jahren dort sowohl absolut wie relativ rascher gestiegen ist als die der Weißen), hat eine Reihe sehr harter Konsequenzen für die schwarze Bevölkerung gebracht. So dürfen die mehr als eine halbe Million Schwarzen, die in Johannesburg leben, kein Grundeigentum besitzen, weil sie sich angeblich nur vorübergehend im weißen Gebiet aufhalten. Dabei weiß jeder, daß die Industrie ohne sie zum totalen Stillstand käme. Sie dürfen keine gelernte Arbeit ausführen, keine Lehrstellen annehmen, und wenn ein Geschäftsmann genug Geld verdient hat, ein Haus zu bauen, dann gehört ihm der Grund nicht, auf dem es steht.

Den Nicht-Weißen ist sozusagen alles vorgeschrieben, wo und wie sie leben sollen, was sie arbeiten dürfen oder müssen, wann und wohin sie ziehen sollen. Auf diese Weise ist bei ihnen jede Initiative im Keim erstickt und das Entstehen einer gelernten Arbeiterklasse verhindert worden.

Dabei wäre es doch sehr einleuchtend gewesen, alles zu tun, um eine besitzgebundene schwarze Mittelklasse zu schaffen, die ein sehr viel sichereres Bollwerk gegen Radikalismus böte als die hohen Trennungsmauern entlang der Rassengrenze, hinter der sich nun Haß und Zorn vollkommen unkontrollierbar und ohne je ein Ventil zu finden immer höher aufstauen.

Ein Wissenschaftler schwarzer Hautfarbe sagte: »Ich kann die Politik der Regierung nicht verstehen. Maßvolle, zur Zusammenarbeit bereite Führer sperren sie ein und wundern sich dann, wenn immer radikalere nachwachsen. Es gibt«, so fuhr er fort – und das trifft zu –, »bei uns mehr akademisch gebildete Afrikaner als in irgendeinem anderen Lande Afrikas. Es gibt Hunderttausende von Afrikanern, die nichts so sehr fürchten, als das, was sie besitzen, ihr Geschäft, ihren Arbeitsplatz, ihr Einkommen zu verlieren. Diese Gruppe könnte als eine Art Stoßdämpfer dienen, aber die Regierung stößt sie mit Fleiß in eine Front mit den Extremisten, dem Proletariat und den Analphabeten.«

Tatsache ist, daß diese Regierung in bezug auf Häuserbau und Schulgründungen mehr für die schwarze Bevölkerung getan hat als alle anderen vor ihr. Während der letzten zwölf Jahre ihrer Amtszeit sind 1,2 Milliarden Mark für Schulen und Universitäten ausgegeben worden. Sechzig Prozent aller Kinder gehen heute zur Schule, in Johannesburg sind es fast hundert Prozent, und nahezu zweitausend Schwarze studieren zur Zeit.

In der Politik ist alles eine Frage des Datums: Zwanzig Jahre früher wäre diese Regierung ein Segen für das

Land gewesen. Damals hätte sie die Grundlagen legen können, auf denen man heute eine den Realitäten Rechnung tragende liberale Politik aufbauen könnte. Vieles könnte anders sein. Aber damals wurde in sozialer Hinsicht wenig getan, und heute fehlt es an politischer Flexibilität.

Ein Silberstreif am innenpolitischen Horizont: In diesen Tagen wurde in Johannesburg eine »Deklaration« veröffentlicht, unter der neunundsechzig große Namen – wohlgemerkt beider Parteien – stehen. Sie beschwören die Regierung, das Einigende und nicht das Trennende zu betonen und die Beziehungen der Rassen untereinander neu zu überprüfen. Eine neue Hoffnung, daß Wirklichkeitssinn sich doch noch durchsetzen werde? Vielleicht.

Oktober 1960

Ich würde eine Dattelpalme pflanzen

Eigentlich war es zunächst eine rechte Enttäuschung – ich hatte bisher immer geglaubt, eine Oase sei zum Schattenspenden und Lebenfristen, allenfalls zum Ergötzen da. In meiner von Karl May entfachten Phantasie lebte sie als die letzte Zuflucht des verdurstenden Beduinen, als das erträumte Paradies aller Wüstenbewohner. Nun sah ich zum erstenmal in meinem Leben eine Oase, und da war alles anders: das so unvorstellbar kostbare Land ist mit dummen Hotels zugebaut, es gibt keine edlen, lässig schweigsamen Araber, sondern nur dreiste, geschwätzige Burschen, deren Auge gierig nach Touristen schweift. Und was nun wirklich im Bereich der Wüste doch wohl als Sakrileg zu bezeichnen ist: Im Garten des Hotels lag ein Swimmingpool.

Zum Mittag gab es Salat. Wenn ich ein Stück Oase besäße, würde ich jedenfalls nicht Salat für die albernen Städter pflanzen, die in sechsstündiger Autofahrt zu ihrem Pläsier von Algier nach Bou Saada fahren und am anderen Tage wieder zurück nach Algier, wo sie alle Gemüse und Früchte, die man sich nur vorstellen kann, genießen können.

Aber was würde ich eigentlich anbauen? Kartoffeln? Karotten? Oder lieber gleich Rosen? Merkwürdigerweise erscheint in dieser verkehrsfreudigen Welt die Einmaligkeit der Oase in einem ganz veränderten Licht, mindestens aus der Perspektive des Blitzreisenden – nur für den Kameltreiber ist sie sicherlich noch immer das, was sie von jeher war.

Die Frage, was ich täte, besäße ich ein Stück Oase, fand erst viel später nach vielen Unterhaltungen eine endgültige und befriedigende Klärung: Ich würde eine Palme – einen Dattelbaum – pflanzen. Nicht nur weil das Pflanzen eines Baumes eine der letzten sinnvollen Tätigkeiten in dieser verrückten Welt ist, sondern auch darum, weil man hierzulande von einer Dattelpalme leben kann. Mit Familie braucht man zwei bis drei, so hat mir glaubhaft ein Oasenbewohner versichert. Pro Baum kann man nämlich mit netto 100 Mark Einnahmen rechnen, und das reicht für bescheidene Ansprüche.

Wieviel Arbeit das macht? Alles zusammen: wässern, graben, pflegen, ernten... etwa zwei Monate. Das ist also die Sache! Wieso plagt man sich eigentlich in einem unwirtlichen Klima zwölf Monate lang (um dann oberhalb des – zugegeben relativen – Existenzminimums alles weggesteuert zu bekommen), wenn man hier das gleiche mit zwei Monaten Arbeit erreicht und dann die restlichen zehn Monate in würdiger Muße unter seinem eigenen Palmenbaum sitzen kann?

Doch zurück zu Bou Saada. Ich war fest entschlossen, so rasch wie möglich zu flüchten; ich suchte und fand einen Omnibus, der mich in sechs Stunden nach Biskra, dem Beginn der eigentlichen Wüste bringen sollte. Diesmal bestiegen nur ernste, in schöne, weiße Burnusse gehüllte Männer den grau bestaubten Bus. Sie wurden nach einem geheimnisvollen System während der nächsten Stunden nach und nach in der Wüste entlang der Piste – die richtige Straße hörte bald auf – ausgesetzt. Kaum waren sie dem Bus entstiegen, begannen sie sogleich, eiligen Schrittes einem unerfindlichen Ziel zuzustreben, so als gälte es, noch rechtzeitig zu einer wichtigen Sitzung zu kommen. Lange noch sah ich sie als immer kleiner werdende Punkte über die endlose Weite wandern.

Neue Reisende bestiegen andernorts unser Gefährt. Ein Herr mit vier Schafen, die mit größter Selbstverständlichkeit und sachlicher Miene eingeladen und zwischen die Sitze gepreßt wurden, sorgte für Abwechslung. Als die ratlosen Tiere gelegentlich ihrer Angst freien Lauf ließen und dadurch der Mehlsack eines anderen Mitreisenden in Mitleidenschaft gezogen wurde, gab es einen kurzen Disput, der aber bald von einem älteren Mann geschlichtet wurde, dem die anderen bei Begrüßung und Abschied die Hand küßten.

Gern hätte ich gewußt, ob er ein Geistlicher war oder vielleicht ein Kaïd, der Chef eines Stammes oder Dorfes – aber ich wagte nicht, mit dieser taktlosen Frage meinen einzigen Gesprächspartner womöglich zum Schweigen zu bringen.

Es war ein junger Bursche, der in einer der vielen, von den Franzosen erbauten Schulen, wie übrigens ein gut Teil seiner Altersgenossen, fließend Französisch gelernt hatte. Einiges seiner Erzählung entging mir leider in dem ungemeinen Lärm des ratternden Busses, der nur gelegentlich von dem Geblök der Schafe, die dann und wann neue Gesellschaft bekamen, übertönt wurde.

Seine politische Vorstellung von der Welt, die gewiß – verglichen mit der vieler seiner Landsleute – verhältnismäßig fortgeschritten ist, weil er als Angestellter der Busgesellschaft natürlich viel zu sehen bekommt, schien mir nicht uninteressant. Seine Kategorisierung sieht – von unten nach oben – folgendermaßen aus: Die Engländer lieben die Araber nicht; die Araber lieben die Engländer nicht. Die Amerikaner sind mächtig, aber was soll's? Die Franzosen sind besser als die beiden anderen, aber weit schöner war es ohne sie. Die Deutschen sind großartig, und es ist schade, daß sie den Krieg nicht gewonnen haben.

Und damit waren wir nun bei dem schier unerschöpflichen Thema des Afrikafeldzuges angelangt. Die Zahl der deutschen »Spione«, die in arabischer Kleidung in den Zelten der Beduinen verborgen worden waren, war mittlerweile zu ganzen Kompanien angewachsen. Im übrigen ist die Kenntnis der Zusammenhänge nicht sonderlich detailliert, wie ich feststellen mußte. Nein, General Rommel, von dem wisse er nichts; er kenne nur den General Hitler. Der allerdings sei in der Tat der größte Feldherr aller Zeiten gewesen.

Einer seiner Brüder war im vorigen Jahr, wie viele seiner Landsleute magisch von dem märchenhaften Reichtum und den unerschöpflichen Arbeitsmöglichkeiten der französischen Großstädte angezogen, nach Lyon gegangen. In den letzten beiden Jahren sind 150 000 Männer von Algier nach Frankreich eingewandert. Dort finden sie zunächst kein Unterkommen, gewöhnlich keine Arbeit und schließlich wenig Gegenliebe, weil sie bald den Bodensatz des städtischen Proletariats abgeben, die Kriminalität erhöhen helfen und oft eine gefundene Beute für kommunistische Umtriebe abgeben, was sicherlich bei ihrer Rückkehr nicht ohne Folgen bleibt. Denn die meisten gehen nur fort, um nach einigen Jahren mit vermeintlich riesigen Ersparnissen zu ihren Familien zurückzukehren, wenn sie nicht das Glück haben, diese nachholen zu können.

Der Bruder meines Gewährsmannes hatte es nicht lange ausgehalten, dann war er enttäuscht heimgekehrt, wahrscheinlich für seine Heimat verdorben. Am meisten hatte ihm, der gewöhnt war, von einer Handvoll Datteln zu leben, mißfallen, daß die Franzosen viermal am Tage essen und noch dazu soviel – und wie wichtig sie das nehmen! Merkwürdig, daß aus dem kleinen Ärger über die Freuden anderer Leute – mehr als über deren Laster – große Abneigungen entstehen.

Die Franzosen ihrerseits sind erbittert über die Freude des Mohammedaners am Nichtstun. Wenn diese in zwei Tagen soviel verdienen, wie sie die Woche über brauchen, dann bleiben sie für die restliche Zeit eben einfach weg.

Die unendliche Großartigkeit dieses riesigen Vorfeldes der Wüste, das wir durchqueren – Sand, Steine, ein paar trockene Grasbüschel und rechts und links wechselnd kahle Gebirgszüge in violetter und rötlicher Tönung, dazwischen riesige Herden von Schafen, Ziegen und Dromedaren und ein paar Nomadenzelte –, das alles war längst mit dem letzten Schein der untergehenden Sonne verblaßt, als wir endlich in Biskra ankamen. Biskra, das Tor der Sahara, die letzte große Oase, ehe die größte Wüste der Welt beginnt. Zweitausend, dreitausend Kilometer lang Wüste. Von hier nach Timbuktu sind es noch mehr.

Am Rande der Oase, unter den letzten Palmenstämmen, brennt noch eine Lampe. Wie mit dem Messer abgeschnitten reicht die Nacht bis an dieses Licht heran – die große, unendliche Nacht der Sahara. Ein paar Hunde bellen in der Ferne; man hört das kleine, eilige Geräusch fließenden Wassers und manchmal, wenn ein leichter Windstoß kommt, das Zusammenschlagen der feingefiederten Palmenzweige. Wenn man jetzt weiterginge, bis zum Sonnenaufgang weiterginge, dann würde es noch genauso aussehen, und am Tag darauf ebenso und vier Wochen später noch immer ebenso.

Wie anders könnte die Welt sein, wenn die Menschen, anstatt zu Millionen in riesigen zusammengetragenen Steinhaufen zusammenzukriechen und dem Dünkel ihrer vermeintlichen Allmacht zu frönen (weil sie Licht machen, Musik aus dem Äther greifen und ganze Städte mit einer Bombe zerstören können), lieber die Unendlichkeit und Erhabenheit solcher Nächte erlebten! Vielleicht sind die Beduinen, die sich nie so weit erniedrigen würden, daß sie in einem Haus leben, und die unter diesem großen Himmel frei umherziehen, die letzten Menschen, die wissen, was Freiheit ist. Wenn alle jene, die auf ihren Kongressen und in ihren Broschüren von Freiheit schwätzen, es ihnen gleichtun sollten, würden sie bald von der Sonne verdorrt, den nächtlichen Frösten durchfroren, hungrig und durstig, um Zuflucht flehen – und wenn's auch nur an den Toren der Gefängnisse ihrer Großstädte wäre.

Morgen früh geht es weiter südwärts. Kann ich meinen Augen trauen? Es regnet über der Sahara! Das kann auch nur einem Reisenden, der aus Hamburg kommt, passieren …

April 1953

Die arabische Welt

Freiheitsheld Habib Bourguiba

Eines Tages – es war im Herbst 1954 – ging ich in Paris die Rue de Rivoli hinauf zum Place de la Concorde. Der Platz bot das übliche Bild: ein rasch dahinfließender Strom von Fahrzeugen und dazwischen verängstigte Fußgänger, die sich zu kleinen Rudeln zusammenrotten, um auf diese Weise sicherer durch das Gewoge des Verkehrs zu gelangen. Plötzlich sah ich eine Gestalt, die mit weit ausgreifenden Schritten quer über den großen Platz auf mich zukam, an mir vorüberging und in die Rivoli einbog: Ein Mann mittleren Alters, klein an Wuchs, den Blick weit in die Ferne gerichtet. Er ging mit offenem Mantel, den Hut in der Hand, unbekümmert durch das Gewühl des Pariser Verkehrs. Wie der Entwurf zu einem revolutionären Freiheitsdenkmal mutete diese Erscheinung mich an, und plötzlich schoß es mir durch den Kopf: Das muß Habib Bourguiba sein, der Führer der tunesischen Freiheitsbewegung.

Ich hatte nie ein Bild von ihm gesehen und ihn trotz mehrfacher Versuche nie zu Gesicht bekommen. Als ich zwei Jahre zuvor in Tunis war, lebte er verbannt auf einer Insel vor der afrikanischen Küste, und seither hatte er alle Formen der Freiheitsbeschränkung, die der carthesische Geist der französischen Verwaltungsbürokratie ersonnen hat, durchexerziert. Dieser Mann, den ich da gesehen hatte, neben dem die normalen Passanten wie Larven wirkten und der den Eindruck von Unbeirrbarkeit und Gewißheit vermittelte, konnte niemand anders sein als der Führer der tunesischen Neo-Destour-Partei, der fünfundzwanzig Jahre Kampf, Gefängnis, Exil, Freilassung und wieder Verbannung hinter sich hatte.

Ich kehrte um und folgte ihm. Und tatsächlich, er bog links ein in die Rue Castiglione und betrat das Hotel Continental, in dem ich am Vormittag vergeblich auf ihn gewartet hatte. Ein arabischer Mittelsmann hatte mir dort, ein paar Stunden zuvor, erklärt, Bourguiba werde die Verabredung nicht einhalten können, er sei offenbar festgehalten worden. Er dürfe nämlich Paris nur aufsuchen, wenn er zum Arzt müsse. Ich betrat also wieder das Hotel, und fünf Minuten später saß ich ihm gegenüber.

Ein faszinierendes Gesicht: helle, blaue Augen, schöne, hohe Stirn, ein groß modellierter Mund, scharf geprägte Züge – fast römisch wirkt sein Kopf. Orientalisch ist nur seine Eloquenz, die Freude am Wort.

Diesen Mann zeichnet eine ganz ungewöhnliche Mischung von leidenschaftlichem Idealismus und politischem Maßhalten aus. »Sehen Sie«, sagt er, »das ist das Schwierige, daß man den Franzosen Dinge, die längst fällig sind, Stück für Stück abringen muß. Sie sind keiner großen Geste fähig. Sie können nicht loslassen, wie es doch die Engländer in Indien vermochten. Sie wollen festhalten und vertrauen nur dem unmittelbaren juridischen Besitztitel. Ach, es macht so müde«, seufzte er, »dieses Sich-Hinschleppen hinter einer Entwicklung her, die fortschreitet. Niemals voraneilen, ja nicht einmal Schritt halten dürfen! Wie soll man den Freiheitsdrang unserer Völker und die anachronistische Besitzwut der Franzosen auf einen Nenner bringen? Man muß die Franzosen zu jeder Konzession zwingen, und dabei dürfen sie doch nie das Gefühl haben, kapitulieren zu müssen, dann ist es ganz aus – denn sie sind ein stolzes Volk, das gern von Ruhm und Größe träumt. Ich habe immer«, fuhr er fort, »für eine gemeinsame französisch-tunesische Lösung gekämpft, und ich werde das auch weiter tun; aber das will ich Ihnen sagen: Wenn die so weitermachen, wird Nordafrika eines Tages zum Grab der Franzosen. Viel Zeit ist nicht mehr.«

Bourguiba hat durchgehalten; mit unendlicher Geduld hat er immer wieder in Paris verhandelt und daheim seine Landsleute beschwichtigt, bis schließlich am Quai d'Orsay der Vertrag über die Unabhängigkeit unterschrieben wurde: Krönung eines lebenslangen Kampfes!

Habib Bourguiba stammt aus dem tunesischen Mittelstand, aus jener Klasse von Lehrern, Anwälten, kleinen Beamten und Geschäftsleuten, die in Tunis weit stärker vertreten ist als in den anderen nordafrikanischen Gebieten. Eine eigentliche Mittelschicht und eine straff organisierte gewerkschaftliche Bewegung gibt es überhaupt nur in Tunesien, das viel bürgerlicher und höher entwickelt ist als die anderen arabisch sprechenden Staaten. Bourguiba studierte in Paris Jura, machte mit vierundzwanzig Jahren sein Examen an der *Ecole libre des Sciences Politiques* und heiratete im gleichen Jahr eine Französin, mit der er zurück nach Tunis ging und dort eine Rechtsanwaltspraxis aufmachte.

Seine politische Aktivität begann 1930, seine politische Karriere vier Jahre später, als er die Neo-Destour-Partei gründete, die im Gegensatz zu der alten orthodox islamischen Destour-Partei eine mehr westlich orientierte Entwicklung anstrebt und sofort daranging, die Massen zu organisieren. Schon nach wenigen Monaten dieser Tätigkeit wurden Bourguiba und seine Freunde deportiert und am Rande der Wüste, im äußersten Süden von Tunesien, festgesetzt. Von dort schrieb Bourguiba im November 1934 an den damaligen französischen Generalgouverneur Peyrouton einen Brief, den er nicht offiziell über die Aufseher des Konzentrationslagers beförderte, sondern heimlich über seine eigenen »Kuriere« – was der Gouverneur als eine besondere Herausforderung empfand.

Der Brief schloß: »Erwarten Sie von mir weder Unterwerfung noch Gnadengesuche. Ich würde die Achtung, die ich gern bewahren möchte, vor einem Gegner verlieren, der dies täte.« Immer sprach Bourguiba vom Gegner (adversaire) und nicht vom Feind (ennemi). Auch heute, zwanzig Jahre später noch, obgleich es doch ganz natürlich gewesen wäre, wenn diese Jahre ihn hart und böse gemacht hätten.

Bourguibas Aufsätze und Denkschriften – zwischen 1933 und 1954 entstanden – sind in einem Buch zusammengefaßt (La Tunisie et la France), dem ein Wort Nehrus vorangestellt ist: »Wenn ich auch die Gewaltlosigkeit über die Gewalt stelle, so gebe ich doch der Freiheit, die mit Gewalt erkämpft wurde, den Vorzug vor der Gewaltlosigkeit, die zur Sklaverei führt.«

Das ist auch eine für Habib Bourguiba typische Maxime. Als ich ihn damals in Paris (der Kampf der Fellaghas hatte gerade begonnen) fragte, was er tun werde, wenn angesichts seiner maßvollen Politik in Tunis die Extremisten die Oberhand gewönnen, antwortete er: »Ich werde, solange es irgend geht, versuchen, eine friedliche Einigung mit Frankreich zu finden; wenn das allerdings nicht möglich sein und wenn das tunesische Volk die Geduld verlieren sollte, dann werde ich mich selbst an die Spitze der Extremisten stellen.«

Es gibt ein erstaunliches Dokument, das ziemlich einmalig in der Geschichte der Freiheitskämpfe kolonialer Völker sein dürfte, nämlich einen Brief, den Bourguiba an seine Freunde (die Führer der Neo Destour) am 8. August 1942 aus der Verbannung schrieb. Damals lebte er schon seit Jahren auf dem Fort Saint Nicolas bei Marseille. Man hatte ihn isoliert, aber die Nachrichten aus Tunis fanden doch ihren Weg in seine Abgeschiedenheit. Er hatte den Eindruck gewonnen, daß seine Landsleute fest an den Sieg der Achsenmächte glaubten und daran, daß dieses Ereignis ihnen die erträumte Unabhängigkeit bringen werde. Er war entsetzt und besorgt: »Die Wahrheit ist«, so schrieb er, »daß Deutschland den Krieg nicht gewinnen wird; daß die Zeit gegen Deutschland arbeitet, daß dieses Land mit mathematischer Sicherheit zwischen dem russischen Koloß und den Angelsachsen, die die Meere beherrschen und deren industrielle Möglichkeiten unbegrenzt sind, zermahlen werden wird.«

Er ließ überdies keinen Zweifel daran, daß er als Führer eines Volkes, das für seine Freiheit kämpft, gesinnungsmäßig auf der Seite der Demokratien stehe. Das Wichtigste sei, daß die Tunesier sich am Ende des Krieges im Lager der Sieger fänden und sich nicht durch ihre Gefühle für die Achsenmächte kompromittierten. »Ihr müßt eure Gefühle zügeln und vor allem eure Ressentiments, nicht dem Drängen der Masse nachgeben, die immer kurzsichtig ist und geführt werden muß.« Er beschwört seine Freunde, das Volk im Lager der Alliierten zu halten. Und am Ende eines langen Briefes: »Wenn es mir nicht gelungen sein sollte, euch zu überzeugen, so gehorcht! Es ist ein Befehl, den ich euch gebe. Diskutiert ihn nicht! Ich trage die Verantwortung vor Gott und der Geschichte.«

Die Franzosen haben immer geglaubt, das tunesische Volk werde seinen verbannten Führer bald vergessen. Als aber dieser nach Tunis zurückkehrte, waren dreihunderttausend Tunesier zusammengeströmt, um ihn zu begrüßen. Und letzthin hat seine Neo-Destour-Partei, die er mit soviel Geschick, Mäßigung und politischer Geduld geführt hat, 90 Prozent aller Stimmen erhalten – bei der ersten Wahl, die je in Tunesien stattfand.

März 1956

Unübertroffen sind Lärm und Gastfreundschaft

Wenn man abends von den Bergen um Damaskus auf die Stadt hinunterschaut, sieht man, wie die Lichter den Lauf der alten großen Handelsstraßen andeuten: von Sidon nach Bagdad und Mekka, also vom Meer nach Arabien herein, und von Osten, das heißt von Persien und Mesopotamien, nach Ägypten hinüber. Man spürt: dies ist uraltes Land. Es ist die Wiege der drei großen Religionen, die auf dem Buch beruhen: der jüdischen, christlichen und mohammedanischen.

Es ist, als habe diese Stadt seit eh und je bestanden. Hier läßt die Geschichte sich schichtweise abheben, und man kommt nie auf den Grund. Die berühmte Omaijaden-Moschee in Damaskus war erst ein Tempel des Jupiter, dann wurde sie die Basilika Johannes' des Täufers (dessen Reliquien noch heute in einem Monument inmitten der Moschee aufbewahrt werden), später, unter den Omaijaden, im siebenten Jahrhundert, war sie zugleich Moschee und christliche Kirche. Erst im elften Jahrhundert wurde sie ganz zur Moschee gemacht.

Ich habe beschlossen, die vierhundert Kilometer von Damaskus nach Aleppo im Auto zurückzulegen. Es gibt hier nämlich eine sehr praktische Art zu reisen: Große, bequeme amerikanische Wagen dienen als Taxi; wenn eine Wagenladung Reisender beisammen ist, brausen sie los, quer durch das ganze Land, wohin die Kundschaft auch immer zu gelangen wünscht. Theoretisch eine ideale Reiseart, in der Praxis aber sehr beeinträchtigt durch das nie schweigende Radio. Der unvorstellbare Lärm orientalischer Städte hat diese Leute offenbar gegen Geräusche jeder Lautstärke völlig immun gemacht und ihnen eine gedankenlose Freude an alles übertönender Musik gegeben. Ich war froh, als wir auf der Hälfte des Weges, in Homs, Station machten und ich dieser musikalischen Tortur entrinnen konnte. Ich verzichtete wenigstens für diesen Tag auf die Weiterfahrt und machte mich auf zum *Crak des Chevaliers,* der größten und schönsten aller Kreuzfahrerburgen.

Das Radio hatte tatsächlich drei Stunden lang ohne Unterbrechung orientalische Musik in einer Lautstärke dargeboten, die genügt hätte, eine Massenversammlung von zehntausend Personen zu bedienen. Ich hatte das Gefühl, man habe mir ein Blasinstrument durch die Schädeldecke direkt ins Gehirn gestoßen und unaufhörlich hineingetutet.

Aber die erhabene Stille vom *Crak des Chevaliers* ist eine vielfache Belohnung. Der Weg führt von Homs etwa vierzig Kilometer nach Nordwesten, durchquert ein breites, fruchtbares Tal, in dem die Sonne lastend brütet, und steigt schließlich steil zu dieser riesigen Festung empor.

Was für eine Manifestation menschlichen Willens und christlichen Eifers! Hundertfünfzig Jahre lang haben hier fränkische Ritter mit zweihundert Mann Besatzung versucht, einen Wall gegen den Islam aufzurichten. Von der oberen Terrasse sieht man im Norden (wie viele sehnsüchtige Blicke mögen jahrelang von hier aus heimwärts nach Norden gerichtet worden sein?) eine zweite Burg und von dieser wieder eine andere, und so geht es weiter bis zu jenen, die, an der See gelegen, die Küste schützten.

Es ist vollkommen still. Ich bin der einzige Besucher. Man wandert durch breite Gänge, die mit gewaltigen, unregelmäßigen Steinen ausgelegt sind, durchschreitet riesige Räume, Kammern und Kapellen. Der Schatten des Turmes fällt schwarz auf das grell besonnte Pflaster, zwischen dessen Quadern Gras und ein paar gelbe Blümchen wachsen. Um den Turm aber weht eine leichte Brise, die Kühle von den schneebedeckten Gipfeln des nahen Libanon bringt.

In Homs stellt sich leider heraus, daß kein Zimmer frei ist, aber glücklicherweise findet sich ein Taxifahrer, der schon drei Gäste beisammen hat und bereit ist, die nächsten zweihundert Kilometer nach Aleppo noch am selben Abend zurückzulegen. So starten wir in die Dunkelheit hinein, mit Hundert-Kilometer-Geschwindigkeit und schreiendem Radio, bis eine bei dieser Aktivität unvermeidliche Panne uns zum Stehen und Gott sei Dank auch die klagende Musik zum Schweigen bringt. Als wir schließlich lange nach Mitternacht in Aleppo ankommen, gibt es auch hier keinen Platz. Große Ratlosigkeit. Plötzlich kommt der Fahrer triumphierend mit zwei jungen Burschen an, die sich bereit erklären, mich doch noch in einem Hotel unterzubringen. Offenbar hat er ihnen erzählt, daß ich Deutsche bin. Als sich herausstellt, daß sie Englisch sprechen, ihre Heimat also vermutlich Palästina ist, wird mir peinlich klar, welchen Gefühlen diese Bereitschaft wohl zu danken ist.

Drei Tage später, als ich frühmorgens in Aleppo aufbreche und – um dem Radio zu entgehen – mit dem Zug die Tagesreise nach Beirut antrete, bringt der Palästinaflüchtling mich zum Bahnhof. Würde mein syrisches Geld ausreichen, die Fahrkarte zu kaufen? Er sagt ohne Zögern: »Oh, dann bezahle ich den Rest.«

Als ich schließlich in Beirut ankomme, steht dort zu meiner Überraschung jemand bereit, mich abzuholen: der Freund des Arabers, der sich in Aleppo um mich gekümmert hatte. Und der in Aleppo hatte wiederum auf die Aufforderung eines gemeinsamen Bekannten in Damaskus reagiert. Die ganze Kettenreaktion aber ging auf die Empfehlung einer Dame zurück, die ich in Kairo zufällig kennengelernt hatte.

Ich hatte bisher keine Ahnung, was die vielgerühmte orientalische Gastlichkeit wirklich bedeutete – jetzt weiß ich, daß sie jedes Maß europäischer Gastfreundschaft weit überbietet.

Mai 1952

Der Effendi wünscht zu beten

Eigentlich hatte ich mir geschworen, nie wieder eines dieser amerikanischen Taxis mit eingebautem Radio zu besteigen, die im Orient überall als allgemeines Verkehrsmittel dienen, aber der Gedanke, von Amman nach Bagdad zu fliegen, schien mir sündhaft. Bagdad war seit den Tagen, da der Sachse Karl May mit dem Band »Von Bagdad nach Stambul« meine Phantasie beflügelte, für mich ein Ort von geheimnisvollem Zauber.

So saß ich denn im glühend heißen Amman, vor mir eine jener Autokarawansereien, in denen hochbeladene, schwankende Busse, umgeben von Staubwolken, ein- und ausfahren. Ich saß am Straßenrand und wartete. Um zwölf Uhr sollte das Gemeinschaftstaxi, in dem ich den Sitz neben dem Fahrer gemietet hatte, starten. Doch längst war es zwei Uhr geworden. Die Koffer, die ich um mich versammelt hatte, waren mit einer dicken Staubschicht überzogen; ein paar Bakschisch heischende Knaben hatten schon Grimassen darauf gemalt. Wo blieb nur das Taxi?

Endlich nahte ein Fahrer, ein negroider, dicker Boxertyp. Er ergriff meine Koffer und schnallte sie mit vielen anderen Koffern, Kisten und Kartons auf dem Dach seines Autos fest. Ich stieg erlöst ein. Es war kein amerikanischer, sondern ein französischer Wagen, verhältnismäßig klein. Weiß Gott, wie er die achthundert Kilometer Wüste überstehen sollte. Mein Sitzplatz am Straßenrand war übrigens ein Paradies gewesen, verglichen mit dem Platz in dieser durchglühten Blechbüchse. Und wieder langes Warten. Bis endlich der Dicke kam, die Tür aufriß und sich ans Steuer setzte. Wir brausten davon.

Doch schon am Stadtanfang hielten wir an. Der Dicke verschwand in einem Haus und kam alsbald mit einem Tonkrug zurück, der mehr als einen Meter hoch war und Trinkwasser enthielt. Diesen Superkrug stellte er mir vor die Füße. Sollte ich wirklich dieses schwankende Ungetüm während der nächsten vierzehn Stunden festhalten müssen? Wir waren eine Stunde unterwegs und landeten aufs neue vor der Karawanserei.

Es war drei geworden, und jetzt nisteten sich auch andere Passagiere mit reichlich vielen Päckchen und Paketen im Fond des Wagens ein: ein ungewöhnlich dicker Herr mit Fez und einem Schaden in der Hüfte, der ihn wie eine Ente watscheln ließ, ferner ein alter Mann mit Bart und Brille und weißem Kopftuch in arabischer Tracht, offenbar ein Scheich – ein Geistlicher also; und schließlich ein unscheinbarer junger Bursche in langem Gewand. Endlich, endlich ging es los. Ich war gespannt, ob wir je ankommen würden.

Ja, wir sind angekommen, allerdings nicht nach vierzehn, sondern nach vierundzwanzig Stunden. Was für eine Reise! Gleich am Stadtausgang von Amman der erste Stopp: große Telefoniererei, lange Diskussionen mit den anderen Passagieren, dann drehte der Wagen um und fuhr zurück. Unterwegs plötzlich wieder Stopp, riesige Begrüßungsszene mit einem entgegenkommenden Wagen, dem ein großer, hagerer Mensch (der mit Effendi angeredet wurde) entstieg. Während unser Vehikel umdrehte und wieder den vorbestimmten Kurs einschlug, klemmte der Effendi sich zwischen den Fahrer und mich und – blieb dort für die nächsten vierundzwanzig Stunden sitzen!

Das war ein harter Schlag. Wahrscheinlich wäre dieses Ölsardinen-Placement ganz und gar unerträglich geworden, wenn die Gesellschaft nicht alleweil einen Vorwand gefunden hätte anzuhalten; das verlängerte zwar die Reise, verminderte jedoch das Maß der Leiden.

Gleich im ersten Ort, zwanzig Minuten hinter Amman, stiegen alle aus und tranken Kaffee. Im nächsten Ort verließen alle den Wagen, um einzukaufen. Und dann begann die unendliche Wüste. 750 Kilometer … 750 Kilometer durch eine Öde, die erst graugelb und steinig, dann grauschwarz und steinig und schließlich nur noch gelber Sand war. Aber auch hier erwies meine Spekulation, wir würden ohne Aufenthalt erst einmal ein paar Stunden fahren, sich als komplette Illusion.

Zuerst hielten wir mitten in der Wüste – diesmal auf Wunsch des dicken Herrn mit dem Fez, der sein Abendgebet verrichten wollte. Er breitete einen Teppich, den er mit sich führte, am Straßenrand aus. Bald darauf gerieten wir in voller Fahrt in einen Heuschreckenschwarm. Eines der riesigen gelbgrünen, surrenden und hopsenden Geschöpfe flog durchs Fenster in unseren Wagen und erzielte dort einen Effekt, den eine Fledermaus im Mädchenpensionat auslöst: Alle erhoben sich zugleich, alle kreischten, lachten und schrien. Der Fahrer bremste so plötzlich, daß der Effendi und ich, die wir wie Hühner auf der Stange auf unserem zu engen Sitz balancierten, beinahe mit dem Kopf durch die Scheibe flogen. Eilends quollen alle aus der Blechbehausung, und dann begann der Fahrer seine Jagd auf das Ungeheuer. Das dauerte seine Zeit.

Eine halbe Stunde später erreichten wir im letzten Tagesschimmer den ersten irakischen Grenzposten. Ein Zelt und davor zwei wunderbar aussehende Männer mit blauschwarzem Haar, langen, roten, schlafrockähnlichen Mänteln, die bis über die Knöchel reichten und durch einen breiten Patronengürtel, in dem sichelförmige, silberne Messer staken, zusammengehalten wurden. Auf dem Kopf trugen sie ihr malerisches Tuch, das bei Sandsturm, Kälte oder großer Hitze zum Schutz von Nase, Hals und Gesicht jeweils zweckentsprechend drapiert wird.

Einen Kaffee darf man niemals ablehnen, und so saßen wir bald wieder einmal einträchtig beieinander im Zelt und schlürften, von gestenreichen Gesprächen umrankt, unseren Mokka.

Dem neuen Anlauf, ein Stückchen Wüstenstrecke pausenlos zu fahren, war ebenfalls keine Dauer beschieden. Denn diesmal war es der Effendi, der sein Abendgebet halten wollte. Einsichtsvoll gesellte der junge Mann sich dazu, so daß nur die Sorge blieb, wann wohl der Scheich seine Zeit für gekommen hielte. Dann ging es weiter, und bald brach die Nacht über uns herein – eine, wie mir schien, unendlich lange Nacht.

Tiefe Dunkelheit, die von einer schnurgeraden, grell angestrahlten Straße in zwei Hälften geteilt wurde. Ein paarmal hielten wir noch und tranken Kaffee (den ich selbst nie bezahlen durfte). An immer neuen Polizeistationen zeigten wir die Pässe vor, dabei erwies sich, daß mein Visum ein Born immer neuer Zweifel und Verwunderung war, weil es mangels einer irakischen Vertretung in Bonn vom ägyptischen Konsulat in Frankfurt und dazu auch noch in französischer Sprache ausgestellt war. An der letzten Polizeistation in der Wüste, morgens um drei Uhr, wäre ich beinahe daran gescheitert…

An einem mit viel Papier und mit noch viel mehr Käfern übersäten Tisch saß, von einer Petroleumlaterne flackernd beleuchtet, ein total verbaster Mann im Nachthemd und starrte ausdruckslos auf meinen Paß. Es war still im Zimmer, nur ein paar Fliegen brummten dann und wann mit einem großen Knall gegen die Laterne. Ich sagte nichts, er schwieg auch. Eine Ewigkeit schien zu vergehen.

Plötzlich erhob sich im Hintergrund ein merkwürdiges Gemurmel. Ich sah mich erschrocken um und entdeckte unseren Scheich, der ein schmales, gebrechliches Sofa erklommen hatte und gerade begann, dort sein Tagesanbruchgebet zu verrichten. Eben hatte er sich aufgerichtet und stand nun in voller Größe auf dem Sofa, das bereits bedenklich schaukelte, als ich, in einem Anfall von Hellsichtigkeit ein unausbleibliches Unheil ahnend, rasch zusprang und gerade noch verhindern konnte, daß der alte Herr sich mitsamt dem Sofa nach hinten überschlug.

Durch diesen Zwischenfall und den Lärm, den er verursachte, aus seinen träumenden Zweifeln gerissen und zur Tat gemahnt, beschloß der Hüter der Ordnung, meinen Fall seinem Vorgesetzten vorzutragen. Wir wanderten alle, einschließlich Fahrer und Effendi, durch einen dunklen Gang und wurden in ein Zimmer geführt, in dem der Chef (zum Zeichen seiner bürgerlichen Provenienz: im Pyjama) im Bett lag und gelangweilt gähnte. Nach kurzem Studium zeichnete er freimütig das Visum ab, und wir brachen von neuem auf.

Inzwischen war die leichte Brise vom Abend zu einem starken Wind angeschwollen, der bei Tagesanbruch in einen furchterregenden Sandsturm ausartete und uns zeitweise jede Sicht raubte; fast wie bei einem Schneegestöber konnte man stellenweise nur ein paar Meter weit sehen. Das ging so den ganzen Tag hindurch.

Horizontlose Wüste, mitten darin eine endlose Asphaltstraße und Sand. Sand neben uns, über uns, um uns, auch im Wagen. Dann und wann glitten die Schatten vermummter Gestalten mit flatternden Gewändern an uns vorüber; dann und wann tauchten riesige Herden von Kamelen auf, die mit erhobenem Haupt und eiligem Schritt in breiter Front über die endlose Ebene irgendeinem unerklärlichen Ziel zustrebten. Und schließlich dann der Euphrat: ein breiter, brauner Fluß, der Hochwasser führte und kleine, schmutzige Wellen schlug.

Wir kamen durch zwei Orte: braune Lehmhütten, von hohen, braunen Lehmmauern umgeben. Der Straße zugekehrt ein paar offene Kaffeebuden, von Staub und Sand umwölkt; darin saßen Männer mit flatternden Gewändern, unangefochten von den Unbilden ihres Lebens und der Natur. Was für ein Land!

Ich entdeckte plötzlich, daß mir über Nacht eine riesige Beule an der rechten Schläfe gewachsen war. Tief beunruhigt über die vermeintliche Untat eines Skorpions, teilte ich wortlos und gebärdenreich den Mitreisenden meine Entdeckung mit. Als ich bald darauf wieder in jenen quälenden, torkelnden Sitzschlaf verfiel, weckte mich der Effendi, um mich darauf aufmerksam zu machen, daß mein Kopf in dumpfem Rhythmus immer wieder gegen die rechte Tür schlug und die Beule daher eine beruhigende physikalische Erklärung gefunden habe.

Und bald darauf hatte dann endlich auch diese endlose Fahrt ein Ende …

Mai 1952

Warum die Amerikaner oft so unbeliebt sind

Das Visum für den Jemen erhalte man ohne Schwierigkeiten in Aden – so war mir versichert worden. Es schien kaum glaublich. Jahrelang hatte ich vergeblich versucht, eine Einreisegenehmigung für dieses Land zu bekommen. Der Imam, der Herrscher des Jemen, dessen Geschlecht sich in direkter Abstammung vom Propheten Mohammed herleitet, sah Fremde höchst ungern. Darum war das Visumgesuch stets abschlägig beschieden worden, allerdings liebenswürdig verbrämt mit der Begründung, es gebe leider keine Hotels im Lande, sondern nur des Königs Gästehäuser, aber die ständen ausschließlich den Gästen des Imams zur Verfügung.

Als der alte Imam Achmed im September 1962 starb, brach eine Woche später die Revolution aus. Sein Sohn, Kronprinz Mohammed El Badr, der nur sieben Tage lang regiert hatte, mußte fliehen, und Sallal, der Chef seiner Leibgarde und Anführer der revoltierenden Offiziere, übernahm die Macht. Freilich mußte er zunächst mit Hilfe einer rasch herantransportierten ägyptischen Armee, die zur Zeit auf etwa 25 000 Mann geschätzt wird, monatelang um sie kämpfen.

Von einer Revolution zu sprechen ist eigentlich irreführend. Es handelte sich nämlich nicht um eine Gruppe entschlossener Männer mit einer ganz bestimmten politischen oder sozialen Konzeption. Es handelte sich wohl mehr darum, daß die Uhr eines mittelalterlichen, von vielen gehaßten Systems abgelaufen war und ein paar Offiziere Rache für erduldete Demütigungen nahmen.

Kronprinz Badr war im Jahre 1956 in Rußland und China gewesen und dort außerordentlich gefeiert worden. Dieser Besuch hatte ihm umfangreiche russische Waffenlieferungen eingetragen sowie den Ausbau des Hafens Hodeida und den Bau der ersten richtigen Straße im Lande, der Straße von Hodeida nach Sana.

Ein Jahr später stattete ein offizieller Russe minderer Prominenz dem Jemen einen Besuch ab. Mohammed El Badr hatte gehofft, die Bevölkerung der Hauptstadt werde diesem Emissär einen ebenso jubelnden Empfang bereiten, wie er ihm im Osten zuteil geworden war. Aber es zeigte sich, daß die arglosen Jemeniten keinerlei Routine in *Public Relations* haben.

Der Kronprinz, wütend über den mißglückten Triumphzug seines Gastes, ließ seinen Zorn an dem Kommandanten der Hauptstadt aus, den er für den Verantwortlichen hielt: Er schlug ihn vor aller Öffentlichkeit. Der Offizier strauchelte und fiel zu Boden. Daraufhin stieß der Kronprinz ihn mit Füßen und bespuckte ihn. Diesen Vorgang haben die Offiziere nie vergessen, und das ist mit ein Grund, warum sie die erste Gelegenheit ergriffen, die sich zur Rache bot.

Es ist eine merkwürdige Ironie, daß der junge Imam Badr wahrscheinlich heute noch – oder wieder – auf seinem Thron säße, wenn er 1956 jenen einzigen Versuch, die Tore seines verschlossenen Reiches aufzustoßen, unterlassen hätte: Es waren sowjetische Panzer, mit denen sein Palast gestürmt wurde. Und ohne den Ausbau des Hafens Hodeida durch die Russen, ohne den Bau der Straße von dort nach Sana durch die Chinesen wäre es den Ägyptern unmöglich gewesen, die Truppen zu landen, die allein den Widerstand der Royalisten gebrochen haben.

Der Ausdruck Royalisten ist eigentlich fehl am Platze. Er erzeugt, mindestens in Europa, eine ganz falsche Vorstellung von dem, was hier vorgeht. Es handelt sich nicht um Teile der Armee oder der Bevölkerung, die an ihrem »angestammten König« hängen und für ihn »bis zum letzten Blutstropfen« kämpfen wollen, sondern um die Stämme im Norden des Landes, die nie jemandem wirklich ergeben waren und fast allen Imamen größte Schwierigkeiten bereitet haben.

Sie sind nur an zwei Dingen interessiert: an Waffen und an Geld. Beides ist ihnen offenbar reichlich vom saudischen Nachbarn (der seinerseits für seinen Königsthron fürchtete) zugeflossen. Und überdies hat Mohammed El Badr ihnen offenbar versprochen, wenn sie die Revolutionäre verjagten, dürften sie zur Belohnung Sana plündern – genauso wie 1948 nach der Ermordung seines Großvaters, des Imams Yachya, die Hauptstadt zur Plünderung freigegeben wurde. Das war damals für die Bergstämme eine unvorstellbare Lust, von der noch heute alte Krieger und heranwachsende Jünglinge träumen.

Was nun das Visum anbetraf: es stimmte. Die neuen Herrscher haben die Tore weit aufgemacht. Allerdings erhielt ich bei dem Vertreter des Jemen in Aden auch diesmal kein Visum, aber er versah mich mit einem Brief an die Grenzpolizei, und da er mir dank Fürsprache wohlgesinnt war, auch mit einem Schreiben an den Präsidenten sowie an den Außenminister.

Mit diesen drei Briefen und mit einem Säckchen großer, schwerer Mariatheresientaler ausgerüstet, machte ich mich auf den Weg. Die Mariatheresientaler von 1786 sind nicht etwa ein Kuriosum, das dort noch hin und wieder anzutreffen ist, sondern sie stellen die einzige Währung des Landes dar. Als ich in Taiz ein Flugbillett über Hodeida nach Sana bestellte, mußte ich erst auf die Bank gehen, dort meine Travellerschecks in die alte kaiserlich-habsburgische Münze umwechseln und dann die neunzig Stück, die zusammen mehrere Kilo wogen, den Berg hinauf zum Flugbüro schleppen.

Man sagt immer, der Jemen sei das rückständigste Land der Welt. In der Tat ist die Armut groß, es gibt fast keine Straßen, kaum Kontakte zur Außenwelt. Die Frauen sind total verschleiert, nicht einmal die Augen dürfen herausschauen: vor dem Gesicht tragen sie meist einen dünneren grasgrünen oder leuchtendroten Schleier, der dann von einem großen, Kopf und Gestalt einhüllenden, gewöhnlich schwarzen Tuch festgehalten wird, so daß sie seltsamen Vögeln nicht unähnlich sind.

Die Männer, soweit sie vom Lande kommen (und über neunzig Prozent der Bevölkerung leben von der Landwirtschaft), tragen ausnahmslos orientalische Tracht und fast immer ein Gewehr. Wenn man in Städten wie Sana und Taiz einmal einen Mann in Hemd und Hose sieht, dann fragt man: »Wer ist das?«, und der Ortskundige weiß es immer; denn er kennt sie alle. Um zwei Uhr nachmittags beginnt das ganze Volk *qat* zu kauen. Qat ist ein Strauch, dessen Blätter eine Art berauschenden Zustand erzeugen. Alles kaut: die Männer am Straßenrand, die Leute im Bazar, die Angestellten in der Post, Soldaten, Minister – alle. Das ganze Land verwandelt sich am Nachmittag in eine Art gigantischen Kuhstall.

Am überraschendsten fand ich an diesem Lande, daß es keinerlei Vorstellung von sich selber hat: Es gibt keine Statistiken. Niemand weiß, wie hoch die Einnahmen des Staates sind oder wieviel in den letzten Jahren exportiert wurde. Der Imam war der letzte Fürst, der sein Land regierte wie ein paternalistischer Grundbesitzer seinen Gutsbetrieb. Alle Steuern flossen in seine Tasche. Er bezahlte die Armee, unterhielt die Beamten,

Schulen, Krankenhäuser. Wenn ein Hospital neue Sauerstoffflaschen brauchte, eine Schule neue Fenster, eine Stadt einen neuen Brunnen, dann mußte eine Bittschrift an den Imam aufgesetzt werden.

Es gab keinen Etat; die Einnahmen und Ausgaben waren geheim, denn es waren ja sozusagen Privateinnahmen und -ausgaben des Imams. Es gab keinen verantwortlichen Minister mit Handlungsvollmacht. Und es gibt darum heute nach dem *coup d'état* und nach der Hinrichtung der führenden Leute des alten Regimes niemanden, der eine Übersicht hätte. Der Wirtschaftsminister sagte: »Wir nehmen an, daß das Budget sich auf ungefähr achtzehn Millionen Rial (achtzehn Millionen Dollar) beläuft.« Sein Kollege, der Finanzminister, bestätigte diese Zahl, während beider Aussage über den Export nur darin übereinstimmte, daß er sich nur »empirisch werde feststellen lassen«. Man müsse eben ein Jahr lang warten. Im übrigen schätzte der eine den Exporterlös auf dreißig Millionen Rial, der andere auf drei Millionen Rial.

Der Wirtschaftsminister ist sieben Jahre in Italien gewesen, erst in der Schule und dann auf der Universität. Er ist in Europa gereist und kennt auch Deutschland. Er und sein Kollege von den Finanzen sind zusammen mit dem Außenminister die Glanzstücke des Kabinetts, das aus dreizehn Ministern besteht, von denen zwei Offiziere sind. Alle miteinander sind besten Willens, aber natürlich völlig unerfahren. Sie waren zuvor Studenten im Ausland, Geschäftsleute oder kleine Angestellte.

Dieser Umstand sowie die Tatsache, daß sie keinen Rial in des Imams Kassen vorfanden und – schlimmer noch als dies – daß erst einmal sechs Monate lang Krieg geführt wurde, eine Art »spanischer« oder besser »arabischer« Bürgerkrieg (zwischen Nasser, der die Revolutionäre unterstützte, und Saudi-Arabien, das den Royalisten half), hat das Land vor schwere Probleme gestellt.

Präsident Sallal hatte viel zu diesem Thema zu sagen, als er in Taiz eine Parade von Schülern abnahm, die gymnastische Kollektivübungen vorführten. Eine Veranstaltung, die einem das Herz schwermachte. Es hat etwas Traurig-Groteskes, mitzuerleben, wie ein Volk von Individuen umgeformt wird zu Teilen einer Maschine. »Rechts, links, beide Arme schwenkt, rechts, links, Oberkörper beugt, rechts, links.« Die ägyptischen Trainer laufen nebenher und zählen den Takt. Es muß schwer sein, diesen Bergmenschen, die wie die Gazellen ins Gebirge hinaufsteigen, solche albernen Roboterbewegungen beizubringen. Auf den Dächern der angrenzenden Lehmhäuser hockten wie schwarze Vögel die tiefverschleierten Frauen und staunten über ihre Kinder, die da mit marionettenhaften Zuckungen seltsame Übungen ausführten.

Sallal also ermahnte seine Zuhörer, alle Trennungen zu überwinden. Er erwähnte besonders die zwischen Stadt und Land und dann die der religiösen Zaidis, die zur Schia gehören, und der Sunniten. Der Imam und die bisher führenden Familien gehörten nämlich den Zaidis an, die daher für vornehmer galten als die neuen Herren, die Sunniten sind.

Ferner pries Sallal die ägyptischen Brüder und auch die Westdeutschen, die hier sehr geachtet sind. Es ist erstaunlich, wie rasch sich selbst in einem solchen Lande eine öffentliche Meinung bildet. Auf der Straße, in den Büros, hoch oben in den Bergen löst die Feststellung »Ich bin Deutsche« stets das strahlende Bekenntnis aus: »Deutsche sind gut.« Die Tatsache, daß Bonn als eines der ersten Länder die neue Regierung anerkannte, hat hierbei eine weit größere Rolle gespielt als die in Aussicht gestellte materielle Hilfe.

Ganz anders ergeht es den Amerikanern. Sie haben

die Straße von Mocca an der Küste bis nach Taiz bereits fertiggestellt – die zweite moderne Straße im Lande – und auch schon mit deren Fortführung nach Sana begonnen. Schließlich sind sie dabei, die Wasserversorgung für Taiz zu erstellen. Dennoch ernten sie nur Spott und Undank, ja zuweilen sogar Haß. Ein Bekannter in Aden hatte mir dieses Phänomen als ganz unverständlich geschildert. Kaum im Lande angelangt, erschien es mir hingegen nur allzu begreiflich.

In der alten DC 3, die mich eines Morgens in Taiz absetzte, hatte ich einen Amerikaner bemerkt, der eine Tasche mit Golfschlägern mit sich führte. Merkwürdig, dachte ich, in einem Lande, in dem es keine Europäer gibt und zwei Drittel der Einheimischen unterernährt sind, in einem Lande, in dem die Säuglingssterblichkeit mehr als achtzig Prozent beträgt – ein Golfplatz?

Ja, es gab tatsächlich einen Golfplatz. Die Amerikaner haben sich, ein bißchen abgesetzt von allen anderen, eine eigene Stadt aufgebaut und praktizieren dort ihren *way of life:* jeder ein eigenes Haus, Golfplatz, Swimming-pool… Der Reichtum des Imam, der im Grunde sehr bescheiden gelebt hat, verblaßt in den Augen der Einheimischen neben diesem Aufwand.

An jenem Morgen nun reiste offenbar irgendein Mitglied der Community ab. Während ich auf dem Flugplatz stand und auf den Bus wartete, rollten achtzehn gelbrote Autos mit dem Aufdruck *Aid* ein (von ihnen abgesehen gab es nur noch zwei Wagen der sowjetischen Botschaft), denen jeweils ein Ehepaar oder ein einzelner Mann entstieg. Alle dick und wohlgenährt, schritten sie mit selbstbewußter Miene zum Platz, wo nach und nach ein stattlicher Haufe aufreizend lauter Leute zusammenkam und ein paar Sektflaschen aus Eisbehältern gezogen wurden.

Diese »Uns-kann-keiner«-Atmosphäre, der selbstsichere Ton, das gewichtige Gehabe erinnerten an Kenia vor dem Zweiten Weltkrieg. Ja, so wirkten damals in den kolonialen Tagen Ostafrikas die noch von keines Gedankens Blässe angekränkelten englischen Farmer.

Nun kann sich allerdings wohl kein Einheimischer vorstellen, was es für einen Fremden heißt, in ihrem jeder Zivilisation baren Lande zu leben. Schon das Reisen ist schwierig genug. In Sana geriet ich in den Beginn der Regenzeit und saß damit augenblicklich fest. Grundlose Straßen. Auf der Hauptstraße vom Hotel zum Markt pflügten die Landrovers bis zur Achse durchs Wasser, und an den Rändern wateten die Fußgänger bis an die Knöchel im Dreck. Vier Tage wartete ich vergeblich auf ein Flugzeug. Niemand konnte landen, weil der Platz vor drei Uhr nachmittags nicht trocken war. »Warum kann man denn nicht nach drei Uhr fliegen?« fragte ich. Antwort: »Weil am Nachmittag der Wind in Taiz so steht, daß man auf der schmalen Piste nicht landen kann.«

Obgleich man sich über die Aussichten, von anderen Plätzen aus wegzukommen, nicht informieren konnte, weil, wenn es regnet, die nicht isolierte Telefonleitung den Dienst versagt, beschloß ich schließlich, nach Hodeida an die Küste zu fahren, um zu versuchen, von dort per Schiff nach Aden zu gelangen. Dort angekommen, stellte sich heraus, daß im Hafen kein Schiff lag, auch keines erwartet wurde und daß das einzige *rest-house* überbesetzt war. Anderentags würde ein Flugzeug nach Sana fliegen, so hieß es. Also zurück dorthin, woher ich gerade gekommen war.

Besser auf zweitausend Meter Höhe warten als am Meeresrand bei fünfundvierzig Grad Hitze ohne Unterkunft bleiben – also bestieg ich anderentags das langersehnte Flugzeug. Es startete tatsächlich, drehte aber nur eine Runde und versuchte, wieder zu landen, was aber erst beim zweitenmal und auch nur »auf einem Bein« gelang.

Ich glaubte, es sei eine jener prekären Situationen, von denen man bisweilen liest, eine Situation, wo das Fahrgestell sich verklemmt hat und der Pilot mit großer Geistesgegenwart einen kühnen Entschluß faßt, der dann allen Leuten das Leben rettet. Die Wirklichkeit war viel banaler: Der Pilot hatte vergessen zu tanken.

Mai 1963

Die Metropole der arabischen Welt heißt Kairo

Wenn man von Süden – aus Arabien oder Afrika – kommt, dann wirkt Kairo wie eine der großen Metropolen der heutigen Welt. Und wenn man die Stadt ein paar Jahre nicht gesehen hat, dann meint man sie kaum wiederzuerkennen.

Neun und zwölf Stockwerke hohe Gebäude sind wie Pilze aus der Erde geschossen. Überall neue Industrien. Heinkel: Flugzeuge mit Überschallgeschwindigkeit, Klöckner-Humboldt-Deutz: Lastkraftwagen und Busse, Fiat: Personenkraftwagen; es gibt neue chemische Fabriken und Textilwerke. Im Jahr 1952, als ich zum erstenmal in diesem Lande war, betrug der Wert der Industrieproduktion nur knapp 3 Milliarden Mark, 1962 war die Produktion (zu gleichen Werten) auf 7,5 Milliarden Mark angewachsen. Der Lebensstandard ist entsprechend gestiegen. Breite Straßen, elegante Hotels – Kairo hat heute über vier Millionen Einwohner.

Es ist eine Weltstadt – eine westliche Weltstadt. Jedesmal, wenn ich die ägyptische Hauptstadt während der letzten zwölf Jahre wiedersah, fiel mir auf, daß sie sowohl in der Stadtplanung wie im Straßenbild westlicher geworden ist. Kairo hat nicht mehr das orientalische Gepräge, das es zur englischen Zeit besaß.

Damals, zur englischen Zeit, pflegten die Europäer zu sagen: »Wenn die Briten eines Tages abziehen sollten, wird alles, was sie dem Lande an zivilisatorischem Fortschritt gebracht haben, verschmutzen, verkommen, verfallen.« Die Wirklichkeit sieht anders aus – nicht nur in der Hauptstadt: Überall werden neue Schulen gebaut, siebzig Prozent aller Dörfer, deren Bewohner noch nie klares Wasser gesehen hatten, sind mit Brunnen oder Wasserleitungen versehen worden; der Plan, für jeweils fünf Dörfer ein Zentrum mit Schule, Klubhaus und ärztlicher Betreuung einzurichten, wird zur Zeit in Angriff genommen.

Und auch jene andere Prophezeiung ist Lügen gestraft worden: die Behauptung, der Suezkanal werde unter ägyptischer Leitung bald versanden, die Schiffe würden zusammenstoßen. Der Suezkanal, der 1956 von den Ägyptern in eigene Regie übernommen wurde, funktioniert heute genauso gut wie eh und je.

Nun sind allerdings jene Investitionen – neue Industrien, Dämme, Straßen – fast ausschließlich mit fremdem Kapital finanziert worden; ja sogar die Ernährung wird zu einem wesentlichen Teil vom Ausland bestritten – fast jede zweite Scheibe Brot wird aus amerikanischem Weizen gebacken. Im vergangenen Jahr haben die USA den Ägyptern rund eine Milliarde Mark an Lieferungen und Krediten gewährt. Aber schließlich sollte dies kein Vorwurf sein. Wenn es der Regierung gelingt, solche Hilfsquellen zu erschließen, um so besser.

Und noch eine »Randerscheinung«, wie man das bei uns nennt: Die alte führende Schicht Ägyptens, die nicht nur aus Playboys und Nichtsnutzen bestand, ist vollständig ausgeschaltet, zum Teil ausgelöscht worden. Ihre Vertreter wurden entweder entschädigungslos enteignet oder stehen unter Sequester, manche waren im Gefängnis, die meisten sind total verarmt. Allerdings, auch dies muß erwähnt werden: Niemand wurde umgebracht, kein Blut ist geflossen. Mit majestätischem Gleichmut ist die Geschichte über jene hinweggegangen.

Viele Hunderttausende von kleinen und großen Geschäftsleuten, Griechen, Juden, Italiener, Malteser, sind ferner in den letzten acht Jahren enteignet und zu einer, wie man sagt: freiwilligen Auswanderung gezwungen worden; sie fielen also der »Ägyptianisierung« zum Opfer. Und schließlich ist die ganze Industrie verstaatlicht worden. Man hört viele Klagen über die Schwerfälligkeit des Apparates und über die hohen Kosten der Produktion. Aber noch in allen Staaten ist die Industrie durch viele Stadien der allmählichen Perfektionierung gegangen.

Ganz Arabien hat während des letzten Jahrzehnts nach vielhundertjährigem Schlaf eine erstaunliche Renaissance erlebt. Mag sein, daß dies nach dem Abzug der europäischen Kolonialmächte eine fast zwangsläufige Entwicklung war; aber daß diese Entwicklung einen Kristallisationspunkt fand, ein Symbol, einen Führer, das ist Gamal Abd el Nasser zu danken. Wie General de Gaulle den Franzosen, so hat Präsident Nasser den Arabern Selbstvertrauen, Stolz und neuen Elan gegeben.

Er hat ferner ohne Revolution langsam eine Art Säkularisierung durchgeführt, das heißt, er hat es fertiggebracht, gewisse Belange aus dem rein religiösen Bereich herauszulösen und sie dem Staat zu überantworten, ohne daß die religiöse Intensität darunter gelitten hätte. Im Gegenteil, auch der Islam erlebt heute eine Art Renaissance – was allerdings für die religiösen Minderheiten, wie beispielsweise die etwa drei Millionen Kopten (offiziell heißt es, es gebe nur wenig mehr als eine Million), keineswegs erfreulich ist.

Die Ausstrahlung Gamal Abd el Nassers reicht bis in die fernsten Winkel Arabiens – selbst in Aden sind alle jungen, der Intelligenz zugehörigen Araber diesem Sinnbild arabischer Erneuerung vollständig verfallen. Darum ist es kein Wunder, daß man in Kairo mit souveräner Ruhe und politischer Selbstgewißheit die zur Zeit gegen Nasser gerichteten Aktionen in Syrien und im Irak mit ansieht, ohne Gegenmaßnahmen zu ergreifen.

Die ägyptische Führung weiß, daß die Baath-Partei in beiden Ländern nur eine Minderheit darstellt, die über keine Führerpersönlichkeit verfügt, eine Minderheit, die es sich ganz und gar nicht leisten kann, die Kommunisten und die Nasseristen gleichzeitig zu Todfeinden zu haben.

In Kairo ist man darum überzeugt, daß Nasser eines Tages triumphieren wird: der legendenumwobene Nasser, der die Engländer aus der Kanalzone hinausgeworfen hat, der den Suezkanal nationalisierte, der, zwischen Ost und West lavierend, seinem Lande die Unabhängigkeit erhält – ein Staatsmann, der in den letzten zehn Jahren viele Erfahrungen gesammelt hat und der (worum mancher ihn beneidet) noch zwanzig Jahre vor sich hat, ehe er ein alter Mann sein wird.

Es ist überdies gar kein Zweifel, daß der ägyptische Präsident eines Tages die Nachfolge Nehrus als politischer Chef der sogenannten *non-committed nations* antreten wird. Niemand anders hat ein so hohes Prestige wie er. Und überdies befindet er sich in der einzigartigen Situation, die Drehscheibe zwischen Asien und Afrika darzustellen: Er ist, ungeachtet der bestehenden Ländergrenzen, der ungekrönte König der Araber, und gleichzeitig, wie sich wieder in Addis Abeba zeigte, hat er ein gewichtiges Wort auf dem afrikanischen Kontinent mitzureden.

Dies alles ist ihm keineswegs zugefallen. Diese Stellung hat er systematisch mit viel politischem Sinn, zäher Geduld und psychologischem Geschick ausgebaut. Ägypten hat heute mehr als fünftausend Lehrer an die anderen arabischen Staaten (und an Algerien) abgegeben. Ein Drittel der ägyptischen Zeitungsauflagen wird in den Nachbarstaaten konsumiert, und die Stimme Kairos hallt bis in die fernsten Ecken der arabisch sprechenden Welt.

Juni 1963

In den zwölf Jahren zwischen 1952 und 1963, in denen ich Ägypten mehrmals besuchte, verschwand das orientalische Gepräge mehr und mehr, das es zur englischen Zeit besaß. Kairo wurde zu einer westlichen Weltstadt.

Der Stamm der Schammar bewohnt im nördlichen Irak ein Gebiet etwa in der Größe Niedersachsens. Scheik Achmed, den ich eines Tages im Hause von Freunden in Bagdad traf, lud mich ein, ihn in seinem Reich zu besuchen. So kam es, daß ich einen Blick in diese Urwelt des arabischen Feudalismus tun konnte.

Kein Journalist reist heute mehr so wie ich damals: Zeit spielte keine Rolle, Geld aber war äußerst knapp. Flugreisen kamen nicht in Frage.

Schön ist so eine Nacht im Zelt und auch ein bißchen unheimlich. Am darauffolgenden Mittag fand sich eine große Festgemeinde zusammen.

Ein großes viereckiges Zelt, auf dem Boden waren Teppiche ausgebreitet.

Rund um eine riesige beladene Schüssel waren Kissen im Kreise ausgelegt, auf denen die Auserwählten Platz nahmen. Die Schüssel maß mindestens einen Meter im Durchmesser. Auf ihr türmte sich ein riesiger Haufen Reis, gekrönt von einem Hammel, der in voller Größe mit Kopf und Beinen darauf ruhte.

Besuch beim Scheik der Schammar

In der Halle des Hotels Tigris Pallas in Bagdad sieht man jeden Nachmittag eine Gruppe auffallender Araber sitzen. Sie tragen lange Kleider aus elegantem englischem Stoff, die bis zu den Knöcheln reichen, und darüber aus dem gleichen Material eine Jacke, dazu ein vorn zurückgeschlagenes und hinten herunterhängendes weißes Batistkopftuch, das mit einem schwarzen Reif aus Roßhaar auf dem Kopf befestigt wird. Gelegentlich sieht man sie auch des Abends im offenen Sportwagen mit wehenden Tüchern durch die Hauptstraßen Bagdads fahren. Es sind die Scheiks, die Häuptlinge der Beduinenstämme – die Großen des Landes.

Der prominenteste der irakischen Scheiks und auch der tüchtigste ist das Haupt der Schammar. Ihn findet man nicht, wie viele andere, allabendlich in den Bars und Nachtlokalen der Hauptstadt, sondern draußen bei seinem Stamm. Oder, wenn er in Bagdad ist, auch im Parlament, denn Achmed ibn Agil al Yawer ist Abgeordneter.

Sein Vater, der große alte Scheik Agil, der, ehe Feisal gewählt wurde, vielen als der zukünftige König des Irak galt, war 1937 mit seinem damals vierzehnjährigen Sohn Achmed in Berlin. Ich erinnere mich, daß Freunde, die damals den zwei Meter großen Mann in der Beduinentracht mit seinem gutgeschnittenen Kopf und der natürlichen Würde des Stammesfürsten auf einem Empfang erlebt hatten, berichteten, sie hätten sich erschrocken untereinander angeschaut und gedacht:

Wie belanglos und dürftig sehen wir doch aus neben diesem.

Heute führt sein Sohn Achmed den Stamm der Schammar, der im nördlichen Irak ein Gebiet etwa von der Größe Niedersachsens bewohnt. Scheik Achmed, den ich eines Tages im Hause von Freunden in Bagdad traf, lud mich ein, ihn gemeinsam mit jenen Freunden in seinem Reich zu besuchen. So kam es, daß ich einen Blick in diese Urwelt des arabischen Feudalismus tun konnte.

Wir fuhren also eines Abends mit der berühmten Bagdadbahn in Bagdad ab und kamen am nächsten Morgen in Mossul an. Scheik Achmed besitzt eine lebenslang gültige Fahrkarte 1. Klasse für diese Strecke. Die Eisenbahngesellschaft hat sie seinem Vater und dessen Erben für alle Zeiten zur Verfügung gestellt, weil die Schammar seinerzeit den größten Teil der Bahnstrecke von der syrischen Grenze bis Bagdad gebaut haben.

Das war natürlich damals ein recht einträgliches Geschäft, wie denn die Schammar, die damals den größten Teil des nördlichen Irak beherrschten, überhaupt eine Art Monopol in diesem Gebiet ausübten. Sie erhoben »Bruderschaftszoll« von den durchziehenden Karawanen und Tribut von den angrenzenden Städten, und erst kurz vor dem ersten Weltkrieg gelang es der Regierung, sie mit Waffengewalt dazu zu veranlassen, Steuern zu bezahlen.

Noch bis zum Zweiten Weltkrieg war Scheik Agil in seinem Gebiet der Schutz der Ölgesellschaften und Pipelines übertragen. Auch das war ein lukratives Geschäft, denn er erhielt für jede Wache, die er stellte (und es gab ihrer natürlich erstaunlich viele), einen bestimmten Betrag. In den dreißiger Jahren kündigte die Ölgesellschaft den Vertrag, der überflüssig erschien, weil schon lange nichts mehr passiert war. Agil zog daraufhin die Wachen ein. Und dann ging der Teufel los: Bohrtürme wurden des Nachts beschädigt und die Zelte der Ölleute ausgeplündert. Kein Wunder, daß die Gesellschaft sehr bald Agil anflehte, den Schutz wieder zu übernehmen.

Fürst Agil ließ sich erweichen, erklärte aber, es müßte nun doppelt soviel gezahlt werden, denn er müsse ja doppelt so viele Wachen aufstellen, weil sich gezeigt habe, daß die bösen Obeids – der Nachbarstamm – plötzlich darauf aus seien, in sein friedliches Reich einzudringen.

Als wir auf jener Reise morgens in Mossul ankamen, wurde Scheik Achmed sofort von Angehörigen seines Stammes belagert, die von der bevorstehenden Ankunft ihres Herrn erfahren hatten und ihn sprechen wollten. Viele von ihnen waren von weit her herbeigeeilt, um ihm einen Rechtsstreit vorzutragen oder seinen Rat in Anspruch zu nehmen.

Als wir endlich in Mossul aufbrachen – die Sitzungen hatten viele Stunden gedauert –, war es schon Nachmittag. Wir fuhren gen Nordwesten, und nach etwa drei Stunden, in denen der Cadillac ohne Weg oder Spur über das kurze Steppengras und durch ausgetrocknete Rinnsale gejagt worden war (ein Gelände, an das seine heimischen Konstrukteure im Traum nicht gedacht haben können), sahen wir vor uns im blühenden Steppengras ein Zeltlager auftauchen.

Die schwarzen Zelte der Beduinen – wieviel hatte ich von ihnen gehört und über sie gelesen –, da standen sie also unter lichtblauem Himmel vor dem Hintergrund einer Bergkette. Auch ich bekam ein Gästezelt mit Feldbett zugewiesen, allerdings kein schwarzes Zelt aus Ziegenhaar, sondern eines aus Segeltuch, vermutlich europäischer Provenienz.

Schön ist so eine Nacht im Zelt und auch ein bißchen

unheimlich. Noch lange beobachte ich den Schein des Feuers, um das die Männer versammelt sind, höre ihr halblautes Murmeln, bis auch dies verstummt und dann nur noch hin und wieder der Ruf eines nächtlichen Vogels zu vernehmen ist.

Am nächsten Morgen öffne ich einen Schlitz meines Zeltes und sehe Scheik Achmed mit zehn oder zwölf Männern im Gras sitzen. Sie bilden einen konzentrischen Kreis – wie mit dem Zirkel gezogen – und diskutieren. Die Gewehre haben sie hinter sich gelegt, nur den Scheik sah ich im Gegensatz zu allen anderen nie mit einem Gewehr.

Es handelte sich, wie Achmed später erzählte, um einen komplizierten Rechtsfall. Beide Parteien sind von weit her gekommen und berichten in großer Ausführlichkeit und, wie mir auffällt, ohne irgendwelche Servilität. Überhaupt ist der Umgang mit dem Scheik, der von allen Stammesangehörigen mit dem Vornamen angeredet wird, erstaunlich selbstverständlich und keineswegs devot.

Achmed hört mit großer Geduld zu, stellt hin und wieder Zwischenfragen, diskutiert lange mit einigen anderen Anwesenden, deren Kompetenzen ich leider nicht ermitteln konnte, und schließlich, das heißt nach drei Stunden (wir haben alle nicht gefrühstückt und sind schon halb verhungert), erhebt sich der Kreis und zerstreut sich. Der Scheik hat gesprochen, die Entscheidung ist gefallen und kann nun durch nichts mehr in Frage gestellt werden.

Es ist aber keineswegs so, daß der Scheik kraft seiner Würde mehr oder weniger willkürlich entscheiden könnte. Es gibt ungeschriebene Gesetze, die nicht verletzt werden dürfen. Bringt ein Scheik nicht die wirklichen Führungsqualitäten mit, so kann er vom Stamm abgesetzt werden. Achmed selber ist auf diese Weise

Scheik geworden. Sein ältester Bruder, der in Amerika studiert hatte und nach dem Tode seines Vaters die Führung des Stammes übernahm, ist nämlich von den Schammar abgesetzt worden, weil er ihren Ansprüchen und Vorstellungen nicht entsprach.

Der abgesetzte Bruder ist übrigens auch da. Er trägt eine randlose Brille, und wenn er die arabischen Kleider ablegte und europäisch angezogen wäre, könnte man ihn unschwer für einen Professor aus Chikago halten. Das ist die Universität, an der er vier Jahre studierte. Mag sein, daß diese Verfremdung auch mit zu seiner Absetzung beigetragen hat.

Mittag: Eine große Festversammlung hat sich zusammengefunden. Viele Vettern, Brüder und Verwandte, Scheiks von den Nachbarstämmen und befreundete junge Herren. Vor dem Hauptzelt steht die schwarze Dienerschaft – ehemals afrikanische Sklaven, die, wie Achmed erzählt, seit Generationen mit den Schammar leben. Sie halten in kleinen Messingkannen mit langer, spitzer Tülle Wasser zum Händewaschen bereit. Einer von ihnen gibt jedem, bevor er das Zelt betritt, ein Stück Seife, der nächste gießt Wasser über die ausgestreckten Hände und der letzte reicht einem das Handtuch.

Ich betrat also das Zelt, ein großes, viereckiges Zelt. Auf dem Boden waren Teppiche ausgebreitet, und rund um eine riesige beladene Schüssel, die zuvor sechs Männer hereingetragen hatten, waren im Kreis Kissen gelegt, auf denen die Auserwählten Platz nahmen. Die Auserwählten, das waren Scheik Achmed und seine Gäste. Die jüngeren Brüder und Verwandten standen derweil herum, schauten zu und gingen zunächst leer aus.

Die Schüssel maß mindestens einen Meter im Durchmesser. Auf ihr türmte sich ein riesiger Haufen Reis, sicher nicht weniger als dreißig oder vierzig Pfund, gekrönt von einem Hammel, der in voller Größe mit Kopf und Beinen darauf ruhte. Er war seinerseits mit Reis, Mandeln und Rosinen ausgestopft. Handwerkszeug benötigt man nicht zum Essen. Der Gastgeber reißt mit kundigem Griff die besten Stücke aus dem Hammel, teilt immer streng nach Protokoll der Reihe nach jedem Gast etwas zu und greift dann mit der Hand in das Innere des Hammels und versieht jeden mit einer Portion Füllung.

Es war wirklich ein köstliches Mahl für mich, nur beeinträchtigt durch die Tatsache, daß ich schon nach ein paar Minuten über und über mit Fett beschmiert war, während die einheimischen Fachleute in lässiger Weise den Reis zu kleinen Kugeln ballten und ihn, ohne Spuren zu hinterlassen, säuberlich in den Mund schoben.

Bei den Schammar kann man alle drei Entwicklungsstufen der Beduinen studieren: Es gibt noch einige nomadisierende, die das ganze Jahr über mit ihren schwarzen Zelten umherziehen, halbnomadische, die einen Teil des Jahres in festen Lehmhütten zubringen, und schließlich diejenigen, die in Dörfern angesiedelt sind und Ackerbau treiben. Sie gibt es aber erst seit rund vierzig Jahren. Zuvor befanden sie sich alle das ganze Jahr über auf der Wanderschaft, von Kamelzucht und Beutezügen lebend.

Scheik Agil hatte zwar schon sehr früh daran gedacht, daß es besser sei, den Stamm anzusiedeln, aber für die Beduinen war der Gedanke, in festen Häusern zu leben und das Land zu pflügen, so abwegig und so sehr unter ihrer Würde, daß Agil erst, nachdem König Feisal persönlich den Schammar einen Besuch abgestattet hatte, sich entschloß, seine ganze Autorität für dieses Ziel einzusetzen.

Folgenden Hergang erzählte Achmed: Als die Schammar um 1910 eine der letzten großen Schlachten gegen ihre Nachbarn schlugen und sechstausend Kamele erbeutet hatten, sagte Agil am Abend zu den freudetrunkenen Stammesführern, es sei doch eigentlich ein Unsinn, von Raub und Beute zu leben, es wäre viel vernünftiger, sich irgendwo fest anzusiedeln. Die Schammar waren sprachlos. Sie schüttelten die Köpfe und meinten, Agil sei übergeschnappt aus Freude über den Sieg.

Eines Tages fuhren wir »über Land«, um die Dörfer jener Seßhaften zu sehen. Merkwürdig, was für eine perverse Sache der Fortschritt doch ist, so mußte ich denken, denn eigentlich erschien mir das Leben ohne Haus, aber im Vollbesitz der Freiheit, jederzeit aufzubrechen, weit großartiger. Vielleicht war dies der Grund, warum jene Ansammlung von armseligen Lehmhütten, auf die unser Gastgeber so stolz war, mich nicht sonderlich beeindruckte. Hingegen fand ich etwas anderes außerordentlich bemerkenswert.

Wir gelangten auf unserer Rundfahrt auch zu den Ländereien von Scheik Achmed, einem ausgedehnten Gebiet mit verhältnismäßig gutem Boden. Es gab dort keinen Gutshof und auch keine Häuser, dafür konnte man aber eine seltsame Kombination von alter Beduinentradition und moderner Zivilisation sehen, nämlich das Zusammenwirken von Zelt und Traktor – wahrscheinlich die modernste landwirtschaftliche Betriebsform, die man sich vorstellen kann.

Zwei Traktoren durchziehen pflügend die endlose Landschaft, und wenn Achmeds »Seßhafte« sich nach ein paar Tagen zu weit von ihrem Zelt entfernt haben, dann bauen sie es einfach ab und schlagen es ein paar Kilometer weiter wieder auf. So wandern sie mit ihren riesigen Maschinen allmählich nordwärts. Zur Erntezeit spielt sich dasselbe noch einmal ab.

Die Schammar besitzen natürlich keine schriftlichen Dokumente. Aber wie immer bei Völkern, die des Lesens und Schreibens unkundig sind, haben sie ein für unsere Begriffe unvorstellbar gutes Gedächtnis, das darauf trainiert ist, Ersatz für Geschichtsbücher zu bieten. Und natürlich haben sie auch einige Spezialisten, sozusagen Berufserzähler, die dazu da sind, die Geschichte ihres Stammes zu bewahren und sie jeweils an die nächste Generation weiterzureichen. Die Schammar, die aus dem Hedschas stammen, können ihre Geschichte über dreihundert Jahre zurückverfolgen, und Achmed al Yawer kann angeblich die siebzehn Generationen seiner Familie alle namentlich hersagen.

Mir schien diese Behauptung schwer glaublich. Als ich aber später, nach Haus zurückgekehrt, einmal das berühmte Werk von Max Freiherr von Oppenheim über die Schammar zur Hand nahm, zeigte sich, daß jene Angaben keineswegs übertrieben, sondern vollauf gerechtfertigt waren. Scheik Achmed, der im Parlament sitzt, im Zelt lebt, einen Cadillac fährt und seine Felder mit dem Mähdrescher aberntet, kann in der Tat auf sechzehn Generationen zurückblicken, die er nicht nur lückenlos herzusagen, sondern deren Taten er auch zu memorieren vermag.

April 1958

Die Welt Asiens

Notizen für Indienreisende

Ich habe Ministerpräsident Nehru einmal gefragt, was eigentlich Indien, das doch weder eine gemeinsame Geschichte noch eine gemeinsame Sprache oder Religion besitzt – welche drei Faktoren wir Europäer im allgemeinen gewohnt seien, als Voraussetzung staatlicher Einheit anzusehen –, was also Indien zu einer Einheit zusammengeschmiedet hat. Seine Antwort: Drei Dinge, der *Hinduismus*, die *englische Administration* und schließlich die gegen diese gerichtete *Gandhi-Bewegung*. Folgt man dieser Antwort, spürt man diesen drei Komponenten nach, so erschließt sich einem das Wesen Indiens und der Inder fast von selbst.

Für einen Fremden am schwersten verständlich und vielleicht auch an Ort und Stelle am wenigsten wahrnehmbar von diesen drei Dingen ist der Hinduismus, der ja weniger eine Religion darstellt als eine bestimmte Lebensart und der nicht so sehr den Glauben vorschreibt als die Verhaltensweise.

Im Gegensatz zum Christen, der seine Aufgabe darin sieht, die Welt und die Umstände, in die er hineingeboren ist, zu verändern, geht es dem orthodoxen Hindu allein darum, an sich selbst zu arbeiten und sich um Erlösung von der Erdenschwere zu bemühen. Während das Christentum, vor allem protestantischer Prägung, wie Max Weber gezeigt hat, mit seinem Arbeitsethos die geistigen Grundlagen für den Kapitalismus geschaffen hat, bleibt der Hinduismus dem praktischen Leben gegenüber passiv.

Die Vorstellung der Inkarnation, des immer wieder Geborenwerdens, bis man schließlich sein eigenes Schicksal sozusagen zu Ende gelebt hat und dann eins wird mit den Urkräften des Alls, diese Vorstellung verleiht dem Leben des Hindu etwas Majestätisch-Zeitloses. Die Hektik, mit der der Westler versucht, in die kurze Spanne seines Lebens hineinzupressen, was irgend hineinzupressen geht, ist dem Inder ganz fremd. Für ihn oder besser gesagt für den traditionsbewußten Hindu ist nicht der erfolgreiche Geschäftsmann oder der mächtige Politiker das Ideal, sondern der Mensch, der es fertigbringt, für sich selbst zu verzichten.

Die hinduistische Gesellschaft ist im Kastensystem sozusagen erstarrt. Jahrhundertelang gab es keinerlei Fluktuation zwischen den Kasten. In diese hierarchische Gesellschaft ist der einzelne aufgrund eines religiösen Prinzips eingestuft. Zwar sind am Ende alle Menschen gleich, weil sie ja alle irgendwann einmal von der Erdenschwere erlöst werden, aber bis dahin nehmen sie eine unterschiedliche Stellung im sozialen Gefüge ein, weil ihre individuelle Vergangenheit verschieden war. Denn das Vorleben ist es ja, das die Zugehörigkeit des einzelnen zu einer Kaste wie übrigens auch seine moralischen und intellektuellen Fähigkeiten bestimmt.

Dies ist das Karma der Inder. Karma ist also nicht ein blindes Schicksal, sondern die historische Konsequenz moralischen Verhaltens. Der Standort in der Kastenhierarchie ist sozusagen die Quittung für vorangegangene Taten.

Jeder gelangt zu seinem besonderen seelischen Ziel, indem er innerhalb seiner Kaste, innerhalb des Rahmens also, der seine Bestimmung abgrenzt, seine Pflicht tut. Je vollendeter er diese erfüllt, je mehr er geistig an sich und seiner individuellen Erlösung arbeitet, um so weiter gelangt er im nächsten Leben. In diesem Zusammenhang ist es wichtig zu verstehen, was der Hinduismus unter Pflicht (Dharma) versteht, denn dabei wird ein entscheidender Unterschied zwischen der westlichen und der indischen Denkweise deutlich.

Pflicht ist nicht wie bei Kant ein kategorisches Prinzip, das gewissermaßen allgemeingültig definierbar ist, sondern was Dharma ist, hängt von den Umständen ab, ist immer von Fall zu Fall verschieden. Dharma ist also ein genereller Kodex des Verhaltens, den der einzelne Hindu je nach der Situation, in der er sich befindet, anwendet. Daher ist, was für den Angehörigen der einen Kaste Dharma ist, noch längst nicht Dharma für die Mitglieder einer anderen Kaste – was in den Augen vieler Westler dem Inder zuweilen etwas Doppelbödiges verleiht.

Man kann sich leicht vorstellen, was für Spannungen entstehen, wenn solch uralte religiös-soziale Ordnung umstrukturiert wird auf ein Wertesystem, in dem das entscheidende Prinzip der wirtschaftliche Erfolg und die erstrebten Ziele individuelle Freiheit, Wohlfahrt und soziale Gerechtigkeit heißen; ein System, in dem es nicht darauf ankommt, innerlich an sich zu arbeiten und sich äußerlich zu bescheiden mit dem Los, das einem zugemessen ist, sondern in dem alles darauf abgestellt wird, Initiative und Bedürfnisse zu wecken und den Wunsch anzustacheln, mit allen Kräften aus den Gegebenheiten, in die man hineingeboren wurde, herauszustreben. Kein Wunder, daß der Europäer in dieser Übergangsperiode gelegentlich den Eindruck hat, manche Inder seien schizophren.

Ich lernte in Bombay Geschäftsleute kennen, die mich immer wieder durch ihre philosophische Leidenschaft, die in stundenlangen Diskussionen zum Ausdruck kam, verblüfften. Eines Tages nahmen sie mich auf eine Überlandfahrt mit. Wir brachen frühmorgens bei Sonnenaufgang auf und fuhren zunächst an dem Ashram vorbei, dem Ort, wo ihr Guru, ihr geistiger Lehrer, lebt. Beide erzählten, daß sie in regelmäßigen Abständen ihr Geschäft in Bombay verlassen, um dort bei ihrem Guru ein paar Tage in Versenkung und Nachdenken zu verbringen.

Als ich dann am Nachmittag mit diesen beiden versenkungsfreudigen Philosophen draußen auf dem Lande ihre Niederlassungen besuchte, wo künstlicher Dünger und allerlei Bedarfsartikel an die Bevölkerung verkauft wurden, konnte ich mich des deutlichen Gefühls nicht erwehren, daß sie dort schon so manchem Bauern das letzte Hemd ausgezogen hatten. Schizophrenie oder Übergang vom Hinduismus zum Kapitalismus?

In der Vorstellung der Asiaten ist der Begriff imperialistische Ausbeutung sehr eng verbunden mit dem Freihandelsideal Europas, das die Länder Asiens völlig unvorbereitet dem Ansturm westlicher Waren aussetzte und die indischen Weber ruinierte. Man schätzt, daß die Menge der vor dem Ersten Weltkrieg aus England eingeführten Stoffe drei Millionen Familien in Indien um Arbeit und Brot brachte.

Es war also nicht alles eitel Glück und Fortschritt, was die Europäer den Indern bescherten, und es gehört schon die ganze Selbstgefälligkeit des technisch Entwickelten dazu, zu glauben, nur seine eigene Weltanschauung zähle und verdiene es, ernst genommen zu werden. Viele dieser Überheblichen meinen, bevor der Europäer mit seinen technischen Errungenschaften erschien, hätten diese Völker sinnlos und barbarisch dahingelebt. Dies war keineswegs der Fall. Sie, die angesichts des heutigen technischen Bildungsstandes in Asien gern auf »die Jahrtausende« europäischer Kultur verweisen, sollten sich klar darüber sein, daß um das Jahr 1000 in Vorderasien wesentlich mehr Leute des Lesens und Schreibens kundig waren als in Europa.

Eine wirkliche Einheit wurde Indien erst durch die englische Verwaltung. Sie erst schaffte die Voraussetzungen dafür, daß allmählich eine staatliche, juristische und wirtschaftliche Integration entstehen konnte. Erst durch die Berührung mit den Europäern ist in der Bevölkerung das Gefühl dafür, daß sie alle Inder sind, wachgerufen worden, ist so etwas wie ein Nationalgefühl und schließlich der Nationalismus entstanden.

Vor allem aber haben die Briten während ihrer Herrschaft ganz planmäßig ein in der Kolonialgeschichte einzigartiges Erziehungswerk vollbracht. Nehru selbst ist ein leuchtendes Beispiel hierfür. Über viele Jahrzehnte haben die Engländer eine zum Teil hervorragende indische Beamtenschaft herangebildet, die dann schließlich bei Erlangung der Unabhängigkeit in der Lage war, verhältnismäßig reibungslos Regierung und Verwaltung dieses riesigen Subkontinents zu übernehmen. Im Zeitpunkt des Abzugs der Engländer gab es bereits zwanzig Universitäten im Lande.

Als Gandhi 1915 nach über zwanzigjähriger Abwesenheit aus Südafrika nach Indien zurückkam, war er es, der dem schon 1885 gegründeten Allindischen Kongreß, der nationalen Sammlungsbewegung, neuen Auftrieb gab. Er war der erste, der erkannte, daß die dünne bürgerliche Schicht allein den nationalen Kampf nicht erfolgreich führen könnte, sondern daß es darum ging, die Massen für den Freiheitskampf zu begeistern, und zwar mit einer Mischung aus religiösen Grundelementen Satyagraha (wörtlich: »Macht der Wahrheit«), also der gewaltlosen Verweigerung jeglicher Mitarbeit und einem nationalen Protest, nämlich dem Boykott fremder Waren.

Und so begann dann jene Bewegung, die Nehru auf meine Frage als drittes Element der Einheit Indiens genannt hatte: die Gandhische Bewegung, die die Massen zu politischem Bewußtsein erzog und allerhöchste Anforderungen an den einzelnen stellte. Denn Satyagraha bedeutete Selbstaufopferung anstelle der soviel natürlicheren Reaktion: Gewalt mit Gewalt zu beantworten.

Ich glaube, es wäre unmöglich gewesen, irgendeinem anderen Volk so viel Disziplin abzuverlangen. Nur die tiefe Verwurzelung im Hinduismus mit seinem hohen Grad an Vergeistigung und in der buddhistischen Lehre der Gewaltlosigkeit machte es den Indern möglich, diesen Weg zu gehen. Nur diese Wurzeln gaben einem unterernährten, unterentwickelten Volk die Kraft, dem größten Imperium der Welt den Kampf anzusagen und ihm die Unabhängigkeit abzutrotzen – zu einer Zeit, da man sie noch nicht nachgeworfen bekam.

Um eine Vorstellung von dem zu geben, was die Inder mit Satyagraha auf sich nahmen, sei hier eine Stelle angeführt aus dem Buch des bedeutenden amerikanischen Journalisten Webb Miller »Ich fand keinen Frieden« (Rowohlt, 1938). Webb Miller hat als einziger ausländischer Berichterstatter 1930 den Salzmarsch bei Dharasana (hundertfünfzig Meilen nördlich von Bombay) mitgemacht.

Die englische Regierung hatte damals die Gewinnung von Salz aus dem Meerwasser verboten, weil ihr aus der Salzsteuer eine wesentliche Einnahmequelle erwuchs. Gandhi hatte seit langem gegen die unsoziale Salzsteuer protestiert und war nun daran, in demonstrativer Weise einen Marsch zur Küste zu organisieren, um dort entgegen dem Gesetz Salz zu gewinnen. Er selber war bei dieser Gelegenheit verhaftet worden, aber seine Anhänger machten weiter.

Miller schildert den Verlauf der Demonstration, an der etwa zweitausendfünfhundert Kongreßleute, alle gleichermaßen bekleidet mit dem rauhen Baumwoll-Dhoti und den Gandhi-Mützen, teilnahmen, geführt von Sarojini Naidu, der berühmten Dichterin, Mutter der heutigen Gouverneurin von Bengalen:

»Mme. Naidu rief zum Gebet, ehe der Marsch begann, und die ganze Versammlung kniete nieder. Sie ermahnte sie: ›Gandhis Leib ist im Gefängnis, aber seine Seele ist bei euch. Indiens Ruf liegt in eurer Hand. Ihr dürft unter keinen Umständen Gewalt anwenden. Man wird euch schlagen, aber ihr dürft keinen Widerstand leisten; ihr dürft keine Hand heben, um die Schläge abzuwehren.‹

Ein wildes, schrilles Geschrei war das Ende ihrer Rede. Langsam und schweigend begann die Menge ihren eine halbe Meile weiten Marsch zu den Salzlagern. Einige führten Stricke mit sich, um den Stacheldrahtverhau vor den Salzpfannen auseinanderzuziehen. Etwa ein Dutzend Leute waren zu Krankenträgern bestimmt, sie trugen rohe, mit der Hand gemalte rote Kreuze auf der Brust; ihre Bahren bestanden aus Decken. Manilal Gandhi, Gandhis zweiter Sohn, ging unter den ersten des Zuges. Als die Menge in die Nähe der Salzlager gelangte, begann sie den revolutionären Aufruf zu singen, *Inquilab zindabad*, die beiden Worte unaufhörlich wiederholend.

Die Salzlager waren von Wassergräben umgeben und von vierhundert Mann eingeborener Suratpolizei in Khaki und braunen Turbanen bewacht. Ein halbes Dutzend britischer Offiziere befehligte sie. Die Polizei trug *lathis* – fünf Fuß lange, mit Stahlspitzen versehene Knüppel. Innerhalb des Verhaus waren fünfundzwanzig eingeborene Schützen aufgezogen.

In tiefem Schweigen marschierten die Gandhileute auf und hielten etwa hundert Meter vor dem Verhau. Ein ausgesuchter Trupp löste sich von der Menge und ging vor, watete durch die Gräben und näherte sich dem Stacheldrahtverhau, vor dem die Suratpolizei stand, die Knüppel bereit in den Händen. Polizeioffiziere befahlen dem Trupp, sich zu zerstreuen, auf Grund einer kürzlich erschienenen Verordnung, die jede Ansammlung von mehr als fünf Personen untersagte. Der Trupp überhörte schweigend die Warnung und ging langsam weiter. Ich stand mit der Hauptmasse ungefähr hundert Meter vor dem Drahtverhau.

Plötzlich stürzten sich auf ein Kommando Scharen eingeborener Polizei auf die Vorwärtsmarschierenden, und es hagelte Knüppelhiebe mit den stahlbeschlagenen *lathis* auf ihre Köpfe. Nicht einer der Demonstranten hob auch nur einen Arm, um die Hiebe abzuwehren. Sie fielen um wie Kegel. Von meinem Platz aus hörte ich das widerliche Geräusch der Schläge auf den ungeschützten Schädeln. Die wartenden Massen der Zuschauer stöhnten und zogen die Luft durch die Zähne, jeden Hieb mitempfindend.

Die Geschlagenen fielen zuckend hin, bewußtlos oder sich vor Schmerzen windend, mit Schädelbrüchen oder zerschmetterten Schultern. In zwei oder drei Minuten war der Boden mit Menschen bedeckt. Große Blutflecken erschienen auf den weißen Gewändern. Die anderen schritten, ohne aus den Reihen zu brechen, schweigend und hartnäckig weiter, bis man sie niederschlug. Als jeder aus dem ersten Trupp zu Boden gestreckt war, eilten die Krankenträger, unbelästigt von der Polizei, heran und trugen die Verletzten zu einer strohbedeckten Hütte, die als provisorisches Lazarett eingerichtet war.

Dann formierte sich ein zweiter Trupp, während die Führer sie beschworen, die Selbstbeherrschung nicht zu verlieren. Sie schritten langsam auf die Polizei zu. Obgleich jeder wußte, daß er in wenigen Minuten zu Boden geschlagen, vielleicht getötet sein würde, konnte ich keine Zeichen von Wankelmut oder Furcht entdecken.

Sie schritten standhaft mit erhobenem Haupt, ohne von Musik oder Zurufen ermutigt zu werden und ohne jede Aussicht, schweren Verletzungen oder dem Tod zu entgehen. Die Polizei stürzte vor und schlug planmäßig und mechanisch den zweiten Trupp nieder. Es gab weder Kampf noch Widerstand; die Leute schritten einfach vorwärts, bis man sie niederschlug. Kein Aufschrei, kein Stöhnen wurde vernehmbar, wenn sie fielen. Die Krankenträger reichten nicht aus, um die Verwundeten wegzuschaffen; ich sah, wie achtzehn Verletzte auf einmal fortgetragen wurden, während zweiundvierzig, noch blutend und auf die Bahren wartend, auf dem Boden lagen. Die als Tragbahren benutzten Decken hatten sich mit Blut vollgesogen.

Mehrere Male hätten die Führer fast die Herrschaft über die wartende Menge verloren. Sie rannten auf und ab und beschworen und ermahnten aufs eindringlichste die erregten Menschen, Gandhis Befehle nicht zu vergessen. Es sah aus, als sei die unbewaffnete Masse nahe daran, zu allgemeinem Angriff auf die Polizei überzugehen. Fünfundzwanzig Schützen standen feuerbereit auf einem kleinen Hügel.

Jetzt änderten die Gandhi-Leute ihre Taktik, sie marschierten in Gruppen zu fünfundzwanzig Mann auf und ließen sich in der Nähe der Salzlager nieder, ohne sich näher heranzumachen. Abteilungen der Polizei, geführt von einem kaffeebraunen Parsi-Sergeanten namens Antia, einem plumpen, häßlichen Kerl, näherten sich einer der sitzenden Gruppen und forderten sie auf, der Verordnung gemäß auseinanderzugehen. Die Gandhi-Leute kümmerten sich nicht darum und warfen nicht einmal einen Blick auf die drohend über ihren Köpfen schwebenden *lathis*. Auf ein Wort des Antia begann wieder das Schlagen, kalt und ohne Erregung. Körper fielen zu dreien und vieren um, aus großen Schädelwunden blutend. Gruppe nach Gruppe schritt vorwärts, setzte sich nieder und ließ sich bis zur Bewußtlosigkeit schlagen, ohne einen Arm zur Abwehr der Schläge zu erheben.

Schließlich geriet die Polizei über die Widerstandslosigkeit außer sich; sie hatte wohl dasselbe Gefühl hilfloser Wut wie ich angesichts der demonstrativen Wehrlosigkeit. Sie fingen an, die Kauernden wütend in den Bauch und die Weichteile zu treten. Die so Betroffenen wanden sich und winselten vor Schmerz, was die Wut der Polizisten nur noch zu steigern schien, und die Menge war wieder nahe daran, ihren Führern zu entgleiten. Die Polizei begann nun, die hockenden Menschen an Armen und Beinen zu schleifen, manchmal hundert Meter weit, und in die Gräben zu werfen. Einen schleppten sie zu dem Graben, an dem ich stand; er platschte ins Wasser und bespritzte mich mit Schlamm. Ein anderer Polizist schleifte einen Gandhi-Mann zum Graben, warf ihn hinein und bearbeitete seinen Kopf mit dem *lathi*. Stundenlang trugen die Krankenträger Haufen ohnmächtiger, blutender Körper hinweg.

Gegen elf Uhr war die Hitze auf 116° Fahrenheit (47° Celsius) im Schatten gestiegen, und die Tätigkeit der Gandhi-Freiwilligen ließ nach. Ich ging zu dem provisorischen Lazarett, um die Verwundeten zu sehen. Sie lagen reihenweise auf der bloßen Erde, im Schatten eines offenen, mit Palmblättern bedeckten Schuppens. Ich zählte dreihundertzwanzig Verletzte, manche lagen bewußtlos mit Schädelbrüchen, andere wanden sich in Schmerzen von den Tritten in Bauch und Eingeweide. Die Gandhi-Leute hatten nur ein paar eingeborene Ärzte auftreiben können, die ihr Bestes taten mit ihren unzureichenden Kräften. Dutzende von Verletzten waren stundenlang nicht behandelt worden, und zwei waren gestorben. Wegen der Hitze wurde die Demonstration für diesen Tag beendet ...«

Soweit Webb Miller. Die Szene, die er schildert, hat sich 1930 zugetragen. Zwischen jenem Zeitpunkt und der Unabhängigkeitserklärung Indiens im Frühjahr 1947 haben noch ungezählte Salzmärsche, Sitzstreiks und Protestdemonstrationen stattgefunden, haben viele Inder ihr Leben im Kampf um die Freiheit gelassen.

Diese Epoche mit ihren Erfahrungen und Erinnerungen, von der wir so wenig wissen, hat sich als gemeinsames Schicksal tief in das Bewußtsein des Volkes eingegraben und zusammen mit den uralten Welt- und Lebensvorstellungen des Hinduismus doch so etwas wie eine Einheit aus Indien gemacht. Wir aber sollten mit diesen Grundbegriffen vertraut sein, ehe wir es uns herausnehmen, ein Urteil über das heutige Indien, seine Sehnsucht nach Neutralität, seine Leistungen und Ziele zu fällen.

Wir mokieren uns gern über den Amerikaner aus Texas oder dem Mittelwesten, der nach Europa kommt, keine Ahnung hat, was Humanismus, Renaissance und Nationalismus waren – um nur drei für uns wichtige geschichtliche Erfahrungen zu nennen –, und der dann mit einer gewissen Selbstgefälligkeit höchst naive Ratschläge erteilt und schließlich mit mißverstandenen Eindrücken und falschen Schlußfolgerungen ausgerüstet wieder in seine Heimat zurückkehrt.

Und wir? Was wissen wir von Asien? Mit welchen Vorstellungen reisen wir dorthin – kommen wir von dort zurück …?

Februar 1965

Träumer, Weltverbesserer und Rationalisten

»Haben Sie ein *permit*?« Als die Frage in Bombay zum ersten Male an mich gerichtet wurde, fuhr ich erschrocken zusammen, geängstigt von der Vorstellung, es sei ein Dokument, das ich entweder schon verloren oder nie besessen hätte.

»Ein Permit – wofür?« fragte ich bangen Herzens.

»Für Alkohol.«

Verblüfft, wie ich war, erweckte das Wort »Alkohol« in mir die Assoziation gesundheitlicher Besorgnis, und vor meinem geistigen Auge erschien der Arzt, der mir in Hamburg alle möglichen Spritzen verpaßt und darüber Zertifikate ausgestellt hatte. All diese Zeugnisse besaß ich noch; also bejahte ich die Frage.

Mein indischer Gastgeber, offenbar beruhigt, hieß mich in seinen Wagen steigen, und wir fuhren über weite Boulevards, vorbei an monumentalen Banken und Geschäftshäusern. Ich sah, daß Bombay wirklich eine Weltstadt ist – zusammen mit Kalkutta die Hochburg des indischen Kapitals. Riesige Vermögen gibt es in dieser Stadt, die dreieinhalb Millionen Einwohner in ihren Mauern birgt und so ausgedehnt ist, daß man meint, nie ans Ende zu kommen.

Wir allerdings erreichten bald unser Ziel: ein elegantes Nachtlokal. Hier nun stellte sich – kaum hatten wir den ersten Drink bestellt und sollten dafür ein *permit* vorlegen – zum ungewöhnlich großen Entsetzen meines Partners heraus, daß ich das verlangte Dokument gar nicht besaß und mich daher zu Unrecht an diesem Ort befand. Im Staate Bombay herrscht nämlich, im Gegensatz zu fast allen anderen indischen Staaten, Prohibition.

Häufig erscheint die Polizei an den zwei oder drei Orten, die Alkohol ausschenken dürfen, und verhaftet rücksichtslos jeden, der sich »unbefugt« dort aufhält. Sogar Haussuchungen werden durchgeführt, und es kann passieren, daß der Hausherr in den eigenen vier Wänden verhaftet wird, weil er seinen Gästen einen Drink vorgesetzt hat. Als ich dies hörte, sann ich auf Flucht aus dem Nachtlokal. Da fügte es das Schicksal, daß ich mich für den Rest des Abends in *Yvette Calbère* verwandeln konnte: eine Kabarettistin, die eben nach Hause ging und bereit war, mir ihr *permit* zu leihen.

Ein paar Tage später hatte ich dann eine Unterhaltung mit dem Erfinder der Prohibition, dem *Chief Minister* – wir würden sagen: dem Ministerpräsidenten – des Staates Bombay, Murarji Desay. Seinen Namen hatte ich häufig nennen hören; von einigen als Faschist, von anderen als Erzreaktionär oder auch als Kommunist bezeichnet, liefert Murarji Desay in Bombay das Tagesgespräch.

Nun saß ich also neben ihm auf dem Sofa in seinem Arbeitszimmer. Er trug die indische Nationaltracht, die soeben durch einen Erlaß der Zentralregierung zum offiziellen Anzug für alle Beamten erklärt worden ist: weiße, enge Hosen, darüber ein weißes Hemd und darüber eine graubraune Weste, auf dem Kopf die weiße Gandhi-Kappe.

Desay war ein Mitkämpfer von Gandhi und jahrelang, wie jener, im Gefängnis. Er haßt nicht nur alles Englische, sondern alles Fremde überhaupt. Sein Sinn ist rückwärtsgewandt. »Wohin hat die westliche Zivilisation geführt?« sagte er. »Und wohin wird sie noch führen? Kann man irgendwo anhalten auf diesem Weg? Ist man nicht gezwungen, ihn immer weiter zu gehen, wenn man ihn erst einmal eingeschlagen hat? Gewiß, wir Inder könnten manches Nützliche der westlichen Zivilisation übernehmen, aber wir möchten nicht dieser gedankenlosen westlichen Lebensweise verfallen, möchten nicht Erfolg und Profit zum Maßstab aller Dinge machen; wir wollen nicht, daß das Verhältnis der Geschlechter zueinander bei uns so werde wie im Westen; wir wollen nicht, daß die Ultima ratio aller Dinge die Atombombe wird. Was hätte es schließlich für einen Zweck, wenn wir all das Unheil übernähmen, das der Westen uns vor Augen führt, jetzt, da wir unseren Weg noch wählen können!«

Kann Indien wirklich seinen Weg noch wählen, den vielzitierten *Indian way of life*?

»Was halten Sie von der Industrialisierung und der Intensivierung der Wirtschaft, die doch wohl notwendig sind, wenn Sie hier die Armut und Rückständigkeit bekämpfen wollen?« fragte ich den Chiefminister.

»Ja, Industrialisierung muß sein, aber wir wollen nur soviel produzieren, wie Indien selber konsumieren kann.«

»Sie müssen aber doch exportieren, sonst können Sie ja nicht importieren, nicht wahr?«

»Nein, das wollen wir nicht, denn sonst beginnt mit der Sorge um die Absatzmärkte das politische Spiel von Intrigen, Macht und Gefahr.«

Eine seltsame Form von passiver Autarkiepolitik ist das, die Murarji Desay vorschwebt, und hier nun zeigt es sich, daß die alten Vorkämpfer der indischen Freiheit, die oft recht simple Vorstellungen von ökonomischen Zusammenhängen haben, den neuen Aufgaben und Zielen, die die jüngere, geschulte Generation sich gesteckt hat, nicht recht entsprechen. Bombay ist schließlich ein Staat von zwanzig Millionen Menschen, und es mag zweifelhaft erscheinen, ob man ihn ohne alle modernen wirtschaftlichen Erkenntnisse regieren kann.

Murarji Desay führt überdies einen heftigen Kampf gegen die englischsprachigen Schulen und damit – zur Entrüstung vieler Inder – gegen die englische Sprache, die er, obwohl sie für die nächsten zehn Jahre noch Amtssprache sein soll, lieber heute als morgen ausmerzen möchte. Und was die Prohibition, diese seine ureigenste Erfindung, anbetrifft: Sie kostet den Staat Bombay jährlich etwa 100 Millionen Rupien, also 87 Millionen Mark.

»Ist es nicht eine Verletzung der menschlichen Grundrechte, wenn Ihre Polizei Haussuchungen auf Alkohol macht?«

»Halten Sie es für eine Verletzung der Grundrechte, wenn das Haus eines Diebes durchsucht wird?«

»Muß man nicht aber einen Unterschied machen zwischen dem bei allen Völkern strafbaren Vergehen gegen fremdes Eigentum und dem Vergehen gegen ein quasi zufälliges Gesetz, wie die Prohibition?«

»Sie dürfen Ihre persönlichen Ansichten nicht verallgemeinern.« (»Wieso ich?« dachte ich im stillen, »wer hat denn seine persönlichen Ansichten zum Gesetz verallgemeinert?«)

»Ich bin der Meinung«, so fuhr er fort, »daß das Stehlen wie die Prostitution und überhaupt alle Laster vom Alkohol kommen. Sechzig Jahre haben wir die Forderung des Alkoholverbots auf unsere Fahnen geschrieben, und jetzt sollten wir es lassen? Nein, niemals!«

Es gibt in Indien gar nicht so selten den Typ des naiven Träumers und Weltverbesserers, der am liebsten auf einer Insel leben, Reis und Curry essen, sich nur in handgesponnenes Tuch hüllen möchte und es dennoch für möglich hält, daß unter seiner Führung diese Insel gleichzeitig zu einer Weltmacht (natürlich unter geistigen Auspizien) heranwächst, einer Weltmacht, sozialfortschrittlich und beispielhaft geleitet, übersät mit

Schulen, Universitäten und Hospitälern. Es gibt aber auch den rationalen, glänzend analysierenden, scharf und logisch formulierenden Typ. Ich fand ihn in Gestalt von Mr. Shroff.

Mr. Shroff ist finanzieller Berater des Tata-Konzerns, den die parsische Familie Tata in drei Generationen aufgebaut hat. Das größte Stahlwerk innerhalb des Commonwealth gehört dieser Familie. Sie besitzt auch Elektrizitätswerke, Seifen-, Öl- und Textilfabriken, Banken und Versicherungsgesellschaften.

Mr. Shroff saß hinter seinem großen Schreibtisch und ergänzte bereitwillig die Lücken in meiner Vorstellung von den Größenordnungen der indischen Wirtschaft, wobei er zugab, daß einstweilen nur sehr mangelhafte Statistiken vorhanden seien. »Indien«, so sagte er, »steht zwar mit seiner industriellen Produktion an achter Stelle in der Welt – seine Textilproduktion ist sogar die zweitgrößte –, aber wenn Sie das auf die Bevölkerung umlegen, ist das gar nichts.«

Er fuhr fort: »Sehen Sie: Siebzig von hundert Indern arbeiten auf dem Lande, und dreiundachtzig von hundert leben in Dörfern. Nur rund zweieinhalb Millionen arbeiten in Fabriken. Zweieinhalb von dreihundertfünfzig Millionen!« Auf deutsche Verhältnisse übertragen, wäre das so, als gäbe es in Deutschland nur sechsunddreißigtausend Industriearbeiter!

Man hat manchmal die Empfindung, als gäbe es in diesem Land – sozusagen hinter den Kulissen und unterhalb des Bewußtseins der meisten – ein gewaltiges Ringen zwischen Mittelalter und Neuzeit. Wem wird der Sieg gehören? Mir scheint, daß trotz aller Ressentiments gegen den Westen der Wille zur Kooperation, zum Fortschritt und zu neuen Entwicklungen stärker sein werde als das Bedürfnis, das indische Leben auf die eigenen Traditionen zu beschränken.

Diese Traditionen sind allerdings sehr stark. Sie werden ohnehin den indischen *way of life* prägen, ob mit oder ohne Eisschrank, mit oder ohne Englisch als Amts- und Lehrsprache. Toleranz, Pazifismus, Religiosität und philosophische Veranlagung, das alles sind Eigenschaften, die sich in dieser Form bei einem westlichen Volk nicht finden und die immer und zwangsläufig Weltanschauung und Verhaltensweise der Inder entscheidend beeinflussen werden.

Ich suchte eine Firma, die mir als eine der großen Unternehmen Bombays für Importe aus Deutschland geschildert worden war. Ich fand sie im dritten Stock eines recht schäbigen Hauses. Sie hat, wie man aus einer Wandkarte entnehmen konnte, in der Tat Niederlassungen in allen Teilen Indiens, und ihre noch jungen Inhaber geben sicherlich, mindestens zusammengenommen, einen Millionär ab.

Es gibt zwischen ihnen, wie ich bald erfuhr, keinerlei kontraktliche Vereinbarungen über Kapital, Gewinnbeteiligung oder Entnahmen, »weil Verträge ja doch keinen Zweck haben, wenn die Harmonie gestört werden sollte«. Eine Störung der Harmonie aber erschien allen vollkommen ausgeschlossen, weil sie einander doch gern hätten und vollkommen eins seien. Das ist indisches Lebensgefühl.

Januar 1954

Der indische Premier Nehru (hier mit seiner Tochter Indira, der späteren Ministerpräsidentin) gab auf meine Frage, was Indien denn zu einer Einheit zusammengeschmiedet habe, den klassischen Satz zur Antwort: Drei Dinge – der Hinduismus, die englische Administration und schließlich die gegen diese gerichtete Gandhi-Bewegung.

Mit Kopfschmuck und Düsenjägern

Schritt für Schritt, langsam und unbeirrbar geht Indien den Weg der Modernisierung und Zentralisierung. Als die Engländer hinausgingen, reduzierten die Inder die Anzahl der Staaten Britisch-Indiens und der fünfhundertsechzig Prinzenstaaten auf zusammen siebenundzwanzig Staaten. Es gab Geschrei bei den bis dahin souveränen Maharadschas. Und in zwei Ländern, in Haidarabad und Junagat, wurde auch ein bißchen Gewalt angewandt, aber im ganzen ging die »Reichsgründung« erstaunlich reibungslos vor sich.

Nachdem die für viele recht schmerzhafte große Zentralisierung überstanden war, trat eine Kommission zusammen, um die endgültige Einteilung der Staaten entsprechend den Sprachen vorzubereiten und Vorschläge für eine Neueinteilung auszuarbeiten. Auch diese ist inzwischen in die Tat umgesetzt worden. Im Jahre 1956 sind jene siebenundzwanzig Staaten auf vierzehn Staaten reduziert worden.

Ich fragte einen Inder der alten Garde, der mit Gandhi und Nehru zusammen für die Unabhängigkeit des Landes gekämpft und viele Jahre im Gefängnis gesessen hatte, ob sie schon damals ihre heutigen außen- und wirtschaftspolitischen Grundsätze festgelegt hätten oder ob die Entwicklung seit der Unabhängigkeit sie auf einen ursprünglich nicht vorgesehenen Weg gedrängt habe.

Er sagte: »Sehen Sie, Nehru hat sich fünfzehn Jahre lang auf den, wie man damals meinte, Außenministerposten vorbereitet. Seine, nein, unser aller Linie hieß: alle antikolonialen Bestrebungen unterstützen, keine politischen Bündnisse eingehen, den dezentralisierten Staat *(divide et impera)* zentralisieren und erst einmal das eigene, so rückständige Land entwickeln mit dem Ziel, eine politische und wirtschaftliche Demokratie (wirtschaftliche Demokratie, daß heißt: Sozialismus) zu etablieren.«

Noch ist keine lange Zeit vergangen, seit die Inder ihr Schicksal selbst in die Hand nahmen, und doch ist Indien schon heute in weltpolitischen Fragen zu einem ernstzunehmenden Faktor geworden, obgleich es keine Ölproduktion besitzt und obwohl seine dreihundertachtzig Millionen Bewohner sich einstweilen noch mit einem Durchschnittsjahreseinkommen von 260 Mark pro Kopf begnügen müssen.

Am 26. Januar 1947 gab das unabhängig gewordene Indien sich eine neue Verfassung, und darum ist dieser 26. Januar der Nationale Feiertag, der mit großem Stolz begangen wird. Schon früh am Morgen strömten sie herbei: Pferdewagen, Ochsenkarren, Autos und Tausende von Fußgängern. Die Menschen nahmen Aufstellung entlang jener kilometerlangen Achse, die vom Präsidentenpalais zum *Gate of India,* einer Art Triumphbogen, führt. Links und rechts Grünflächen, mit alten Bäumen bestanden. In der Mitte die Tribünen für die Regierung und die Ehrengäste, zu denen auch General Shukow gehörte.

Nehru schritt die Reihen der hockenden, ihn grüßenden Zuschauer ab. Nicht gebieterisch in der Mitte der Straße, sondern bescheiden am Rande, fast über ihre Füße steigend. Er nahm Blumen in Empfang und teilte sie wieder aus. Die Hockenden waren aufgesprungen, alle reckten die Hälse, man spürte die freudige Erregung, aber niemand klatschte oder bekundete Beifall. Es war ganz still.

Plötzlich hörte man Pferdehufe auf dem Asphalt: Eine Vorhut der Garde erschien, immer vier und vier Reiter nebeneinander – schöne, verhältnismäßig große Anglo-Araberpferde. Auf einer Schabracke von weißem Lammfell saßen elegante Burschen in hohen schwarzen Kürassierstiefeln, weißer Hose, langem rotem Uniformrock, einen blau-silbernen Turban auf dem Kopf, die Lanzen mit den kleinen weiß-roten Wimpeln aufgepflanzt. Ihnen folgte ein Sechsspänner mit dem Präsidenten. Er wurde von einem roten, golddurchwirkten Schirm beschattet, den zwei bunt kostümierte Gardisten über ihn hielten.

»9.30 Uhr Eintreffen des Präsidenten. 9.38 Uhr Beginn der Parade« stand im Programm; und es klappte auf die Sekunde. Eine Stunde lang zogen nun bunte Formationen an uns vorüber: rote, hellblaue, dunkelblaue mit weißen Gamaschen und verschiedenfarbigen Turbanen, Soldaten in Khaki und nüchterner Feldbluse, leichte Tanks, schwere Tanks und Regimenter mit prachtvollen Namen: *The Assam Regiment, The Gurkha Rifles, The Bengal Infantry* und immer wieder neue, phantastisch anmutende Musikkapellen – *Pipes and Drums*. Der Obertrommler stets mit einem Tigerfell geschmückt.

Zu den Klängen des Marsches vom Prinzen Eugen zog ein Kamelkorps vorüber. Mit aufgepflanztem Karabiner thronten die kleinen, dunklen Gestalten hoch oben auf den hochmütig und gelangweilt auf die Menge herabschauenden Tieren. Später folgten Elefanten. Der erste war über und über mit knallgelbem Staub eingerieben; er sah aus, als trüge er ein gelbes Trikot unter der langen rotseidenen Decke. Der Rüssel war leuchtend blau bemalt, und der riesige Kopf – mit phantastischen Zeichen bedeckt – sah aus wie der Schild eines afrikanischen Kriegers.

Was wohl General Shukow gedacht haben mag, der diesem seltsamen Schauspiel beiwohnte, das den farbenfrohen Tand der europäischen Exerzierplätze von 1911 vereint mit dem nüchternen *battle dress* unserer Tage? Erkannte er die europäischen Märsche – besonders beliebt war »Alte Kameraden...«?

Der Wehrhaushalt verschlingt vierzig Prozent des Zentralbudgets, weil die Inder auf eine Auseinandersetzung mit Pakistan gefaßt sein müssen, »das ja seit Jahren«, wie es vorwurfsvoll heißt, »US-Militärhilfe bekommt«. Ein begreifliches Ärgernis für dieses Volk, das allen militärischen Ausgaben abhold ist und nur darauf sinnt, wie man jeden entbehrlichen Betrag in Elektrizitätserzeugung, Produktionssteigerung und Schulbauten umsetzen kann.

Ich sah die lange Straße hinunter und blickte auf die leuchtenden Farben und die vielen auf- und abschwingenden Arme der zackig marschierenden Truppe. Während ganz hinten am Horizont gerade die ersten Panzer verschwanden, kam nun vorne bei uns ein noch viel phantastischerer Zug vorbei: Gruppen aus allen Staaten des Subkontinents, die magische Beschwörungszeremonien aufführten. Jede Gruppe mit ihrer traditionellen Kapelle: meist Blasinstrumente und Trommeln in immer neuen, eigenartigen Formen. Und am Schluß brauste ein Verband Düsenjäger über uns hinweg.

Es kamen die heiteren, graziös tänzelnden, in Samt und Seide gehüllten *punjabi*, dann folgten messerschwingend, barfuß, mit riesigem indianerartigem Kopfputz wilde Völkerstämme aus den östlichen Grenzgebieten: Manipur und Assam. Eine Gruppe mit Tiermasken näherte sich. Hin und wieder tauchten zarte Geschöpfe mit chinesischem oder burmesischem Einschlag und dann wieder afrikanisch anmutende Typen dunkelster Farbe auf und helle indogermanische Erscheinungen aus dem Norden. Noch nie ist mir das Grenzenlose, Vielstämmige, Mannigfache, das der Begriff Indien umschließt – den wir zuweilen doch so gebrauchen, wie man Schweden sagt oder Argentinien –, so deutlich geworden wie an diesem Tage.

Man muß sich einmal vorstellen, daß der indische Rundfunk täglich in vierzehn verschiedenen Sprachen für seine eigene Bevölkerung sendet und in weiteren zwölf Sprachen für andere Länder, neben Englisch und Französisch Chinesisch, Arabisch, Persisch, Afghanisch, Burmesisch … Plötzlich denkt man unwillkürlich: Weltreich. Weltreich – nicht Weltmacht.

Am Nachmittag großer Empfang beim Präsidenten. Punkt vier Uhr werden oben, im Präsidentenpalais, die Türen eines Balkons aufgestoßen: Vier Trompeter der Garde treten heraus und schmettern ihr Signal über die liebliche Weite der Moghulgärten, die sich in kleinen Terrassen, von vielen Mauern, Gewässern und Spalieren durchzogen, vor dem gewaltigen Palais ausdehnen.

Auf dem Rasen waren große Tafeln mit Gebäck und Getränken aufgebaut. Hunderte, nein Tausende von Gästen wandelten durch die Gärten, und zuweilen spiegelten sich ihre langen, bunten Gewänder in den Fontänen: indische Regierungsbeamte mit ihren Frauen in den malerischen Saris, Chinesen, Burmesen, russische Offiziere und Europäer, die in ihren nüchternen Gewändern linkisch wirken.

Überall war die Garde postiert. Ausgesucht schöne, große Erscheinungen wieder: weiße Hosen, schwarze Kürassierstiefel und rote Röcke. Lässig standen sie da, die Lanze in der Hand, und bildeten abwechselnd mit den hohen, spitzen, zypressenartigen Gewächsen eine ungemein feierliche Allee.

Nehru war zugegen. Er wanderte mit Lady Mountbatten, die zu Besuch in Delhi weilt, durch die Gärten, die einst ihre Gärten waren, als das Präsidentenpalais noch die Residenz des Vizekönigs war und der heutige Regierungschef noch im Gefängnis »weilte«. Jetzt wanderten die beiden gemeinsam auf und ab. Sie blieben hin und wieder stehen und sprachen mit einem Bekannten, dann bildete sich rasch ein Kreis um die Gruppe, der sich lautlos wieder auflöste, wenn sie weiterstrebten. Ob es das anderswo in der Welt gibt – diese Unabhängigkeit und Souveränität, die dazugehört, wenn die ehemaligen Unterdrücker und Unterdrückten gemeinsam *cercle* halten, sich gegenseitig besuchen? Nehru verbrachte das letzte Weihnachten im Hause Mountbatten in England.

Die Garde wird kommandiert von dem Sohn des Maharadschas von Jaipur, dessen Vater von Nehru sozusagen »enterbt« wurde. Aber weder findet es der junge Maharadscha unter seiner Würde, dem Staatsoberhaupt der Republik zu dienen, noch mißtraut dieser der Zuverlässigkeit des jungen Prinzen. Ob Ebert auf den Gedanken gekommen wäre, dem Prinzen Wilhelm von Preußen oder einem anderen deutschen Prinzen seine Sicherheit anzuvertrauen?

Die »winterliche«, uns arme Nordländer angenehm sommerlich anmutende Sonne sank, und die »langen Kerls« warfen überlange Schatten, als die Gäste sich schließlich langsam zerstreuten. Die weißbehangenen Tische waren leer gespeist, dahinter standen erschöpft die Diener in ihren langen roten Gewändern.

Das Fest war aus, aber noch die ganze Nacht hindurch hörte man die kleinen Schritte der Pferde in den Straßen: Indische Familien, die von weit her gekommen waren, fuhren durch die Stadt, um das Regierungsviertel zu bestaunen, das weit hinausstrahlte in die dunkle Nacht.

Januar 1957

Was ist ein Radjpramuk?

Eines Nachmittags gegen fünf Uhr wanderte ich die Hauptstraße von Haidarabad entlang, als plötzlich in weiter Ferne ein Pfiff ertönte, der von dem Verkehrspolizisten der jeweiligen Straßenkreuzung weitergegeben wurde.

Diese Kettenreaktion von Pfiffen ließ für Sekunden den Verkehr erstarren. Die Fußgänger erklommen den Gehsteig, und Autos und Ochsenkarren rückten an die Seite. Und siehe: Eine schwere Limousine kam in rascher Fahrt die Hauptstraße herauf. Ein alter Herr saß bewegungslos im Fond, neben ihm eine junge Dame. »Das ist der Nizam«, so hörte ich. »Er fährt jeden Tag um die gleiche Zeit den gleichen Weg.«

»Aber warum tritt dabei die Polizei in Aktion?« wollte ich wissen, denn ich erinnerte mich der kriegerischen Episode von 1948, in der Indien den Staat Haidarabad zur Übergabe und die Regierung zur Abdankung gezwungen hatte.

»Weil der Nizam der Radjpramuk ist.«

Was ist ein Radjpramuk? Er ist, staatsrechtlich gesehen, eine Art Staatspräsident und, politisch betrachtet, der Kompromiß, mit dem Nehru den ehemaligen Herrschern, nämlich den mohammedanischen Nizam und den indischen Maharadschas, ihren Abgang versüßte. Er gab ihnen dadurch nämlich die Möglichkeit, bei der demokratischen Wahl zu kandidieren. Auf diese Weise sind einige Fürsten der großen Staaten auf Lebenszeit zum Radjpramuk erwählt worden. Allerdings bleibt ihnen nur eine repräsentative Funktion.

Der alte Nawab, ein mohammedanischer Aristokrat, dem ich einen Brief überbracht hatte und der so freundlich war, mich von einem Minister zum anderen zu schleppen und mir derweil die Spitzfindigkeit des Staates Haidarabad zu erläutern, der alte Nawab sagte, der Nizam habe auch die Pflicht, die Gesetze gegenzuzeichnen.

»Und was passiert, wenn er seine Unterschrift verweigert?«

»Oh, das ist noch nie vorgekommen.«

Mir schien, daß es wohl auch nie vorkommen werde. Es wäre ja auch schön dumm vom Nizam, wenn er der Zentralregierung in Neu-Delhi Grund zum Ärgernis gäbe. Als Entgelt für seine eingebüßten Rechte erhält er immerhin etwa vier Millionen Mark jährlich als Apanage.

In Haidarabad stehen auf allen Mauern kommunistische Streikparolen. Der Lebensstandard ist besonders niedrig und die Partei der Kommunisten besonders groß. Der Grund für beides, so meinte der clerk, der in der Bank meine Travellerschecks einlöste, liege in der Tatsache, daß Haidarabad bisher ein autokratisch regierter Feudalstaat gewesen sei, in dem das meiste Geld in die Tasche des Nizam floß, dem ohnehin ein Drittel allen fruchtbaren Landes gehört habe. »Von der neuen Regierung wird zwar sehr viel getan«, sagte er, »aber es ist auch besonders viel nachzuholen. Vor allem die Gehälter und Löhne sind in Indien sehr niedrig. Wissen Sie, was ich verdiene? 120 Rupien monatlich (das sind 103 Mark). Da bleibt, wenn der Reis für unsere fünfköpfige Familie gekauft ist, kaum etwas übrig. Und ich muß schließlich hier in der Bank immer tipptopp angezogen sein. Sehen Sie, und der da«, er zeigte auf einen Boten, »der verdient 35 Rupien im Monat, was ganz allgemein dem Lohn eines ungelernten Arbeiters entspricht.«

Das ist, wie gesagt, nicht nur in Haidarabad, sondern in ganz Indien so. Hingegen gibt es andere Unterschiede zwischen den einzelnen früheren Fürstenstaaten, die sehr merklich sind. Ganz anders als in Haidarabad liegen beispielsweise die Dinge in Baroda, einem im Nordwesten gelegenen Staat. Ein Zufall bescherte mir eines Tages eine Einladung zum Prinzen Udayasinhrao, einem Vetter des dortigen Maharadschas.

Nach einer Nachtfahrt in einem unwahrscheinlich schmutzigen Eisenbahnabteil kam ich in Baroda an. Es gelang mir, rechtzeitig aufzuwachen, so daß ich sogar das *bedding* noch kunstgerecht zusammenfalten konnte. Das *bedding* ist eine unerläßliche Voraussetzung des Reisens hierzulande, denn die Bahn bietet lediglich die Schlafpritsche. Alles andere muß man selbst mit sich führen in Gestalt einer unförmigen Rolle, die Unterlage, Kopfkissen, Bettzeug und Decke enthält und von den Trägern zuoberst über allem anderen Gepäck auf dem Kopf getragen wird.

Meine Gepäckpyramide sah folgendermaßen aus: ein Handkoffer, darauf zwei kleine Handtaschen, zusammen, wie aus dem Flugbillett hervorging, sechsunddreißig Kilo, und darüber dann das unförmige und schwere *bedding*. Ich wäre bereit gewesen, einiges davon selbst zu tragen, aus Sorge, der *boy*, dessen Beine immer O-förmiger zu werden schienen, könnte zusammenbrechen. Aber es schickt sich im Orient nicht, dem *boy* zu helfen. Überdies kann man in diesem Lande der Anfechtung durch Armut und Bettelei nur widerstehen, wenn man sich sagt, daß die vermeintlichen Regungen des Herzens nur ein Zeichen schlechter Nerven sind, denen man nicht nachgeben darf, wenn man nicht selbst am Bettelstab enden will.

Apropos: Betteln! Diese »Tätigkeit« hat hier, wie fast alles, eine andere Bedeutung als bei uns. In Indien muß nicht derjenige dankbar sein, der das Almosen bekommt, sondern vielmehr jener, der die Chance erhält, Barmherzigkeit zu üben.

Den ersten Aufschluß hierüber erhielt ich bald nachdem ich dieses Land betreten hatte. Die *Times of India* hatte über meine Ankunft berichtet. Folge: Am nächsten Morgen klopfte es an meinem Zimmer im Hotel. Ein junger Mann stand vor der Tür und überreichte mir schweigend einen Brief.

»Von wem?«

»Der Brief ist von mir«, sagte er verlegen.

In seinem Schreiben stand zu lesen, mir sei ein großes Glück zuteil geworden. Seit er durch die Zeitung von mir erfahren habe, sei ihm klargeworden, daß ich dazu bestimmt sei, ihn zu retten. Er habe nämlich vor langem schon beschlossen, Journalist zu werden, doch fehle ihm dazu die Schreibmaschine.

Der Brief war unendlich lang, mit vielen Zitaten von Milton und anderen Dichtern geschmückt und endete folgendermaßen: »Wenn Sie mir helfen, können Sie Ihr ganzes Leben glücklich sein in der Gewißheit, einen verzweifelten Menschen wieder aufgerichtet zu haben.«

In Conjeeveram, der heiligen Stadt des Südens in der Nähe von Madras, besuchte ich den größten Schiwatempel, der zehn Stockwerke (sechzig Meter) hoch ist und zu dem die berühmte »Halle der tausend Säulen« gehört. Ein dürftig bekleideter Führer hatte meine Wege gelenkt. Nachdem ich erst einmal einen Überblick gewonnen hatte, schickte ich ihn fort, um allein und in Ruhe die seltsame Schönheit dieser Konstruktion genießen zu können.

Kaum hatten ein paar alte Bettler gesehen, daß ich dem Führer ein Bakschisch gab, kamen sie auch schon herbeigeeilt mit ihren Opferbechern. Angesichts der Heiligkeit des Ortes beschloß ich, Gutes zu tun, und legte jedem eine Münze in den Teller … Sekunden später eilten über den weiten Platz, der eben noch leer gewesen war, viele zerzauste, verstümmelte Figuren. Eine Meute schreiender, opferheischender Geschöpfe wälzte sich von allen Seiten auf mich zu.

An Flucht war nicht zu denken. Schon reckten sich mir verstümmelte Arme entgegen und ausgemergelte Kindergesichter. Angst und Schrecken krochen mich an. Ich wollte nach rechts abbiegen: keine Möglichkeit. Nach links: Alle schwenkten mit mir ein, trippelten neben mir, hinter mir, vor meinen Füßen, immer lauter jammernd, immer wilder klagend. Wie Orest in den »Fliegen« von Sartre war ich umgeben von einem summenden, drängenden Schwarm von Plagegeistern, deren Bitten ich nie hätte erfüllen können. Nur mit letzter Anstrengung gelang es mir, den Ausgang zu erreichen, mich in ein Taxi zu werfen und zu entkommen.

Doch ich wollte ja von meinem Besuch in Baroda berichten … Baroda war bis zum Auszug der Engländer aus Indien ein unabhängiger, selbständiger Staat, regiert von Seiner Königlichen Hoheit dem Maharadscha von Baroda. Sein Land mit zweihunderttausend Einwohnern (Haidarabad dagegen hatte zwanzig Millionen Bürger) gehörte nicht zu den großen Staaten Indiens. Heute ist dieses Fürstentum ein Teil des Staates Bombay und der Maharadscha ein Privatmann.

»Eine Art Lippe-Detmold aus der Zeit nach 1806«, dachte ich zunächst, als ich vom Sekretär des Prinzen abgeholt wurde und im Morgendämmern durch die Stadt fuhr. Später zeigte sich, daß das großherzogliche Weimar eine bessere Analogie gewesen wäre.

Nun, der Vergleich mit Alt-Weimar und Alt-Preußen liegt gleichermaßen nahe, weil meines Prinzen Großvater, der über sechzig Jahre – von 1875 bis 1939 – diesen Staat regierte, eine Art Kombination der Gestalten

Ernst-August und Bismarck gewesen sein muß; ein begabter, aufgeklärter Fürst mit großem staatsmännischem Gefühl und unbegrenztem Tatendrang.

Er hat in seinem Reich schon um 1900 Schulzwang und kostenlosen Unterricht eingeführt: Das gibt es heute, ein halbes Jahrhundert später, noch nicht überall in Indien. Auf einer Sandwüste entstand eine moderne Gartenstadt mit schönen Gebäuden, großen Parks, guten Straßen und Wasserleitungen. Ja, der Fürst hat vor fünfzig Jahren in Baroda die erste Musikschule eingerichtet, ferner viele wissenschaftliche Seminare, an denen schließlich sechstausend Studenten studierten, und ein riesiges Museum mit einer umfangreichen Abteilung europäischer Malerei, die zwar für unsere Begriffe nur Zweitklassiges enthält, aus der man aber durchaus einen Überblick über die europäische Kunst bekommt – was nirgendwo anders hier im Osten möglich ist.

Administrativ war dieser Fürstenstaat wie eine moderne Verwaltung geleitet. Es gab ein Kabinett mit sechs oder acht Ministern für die Staatsverwaltung. Dem Maharadscha, der als absoluter Herrscher die Gesetze erließ und die Richter ernannte, stand am nächsten ein Hausminister, der zugleich persönlicher Finanzberater des Maharadschas war und dem die Aufgabe zufiel, die Ämter der Ressortminister zu koordinieren.

Der letzte Hausminister, der diese Aufgabe in Baroda erfüllte, war ein Sikh, ein Grundbesitzer, der heute noch Finanzberater des inzwischen gewissermaßen reprivatisierten Maharadschas ist. Sein Turban und die würdige Barttracht des Sikhs kontrastierten seltsam zu den lustigen Geschichten, die er – ein kluger, modern denkender Mann – erzählte, während er freundlich mit mir herumging und mir den riesigen und sogar recht hübschen Palast zeigte.

Die Hälfte des Palastes wird vom Maharadscha, die

andere von seiner Frau, der Maharani, bewohnt. Dazwischen sind überall kleine Höfe und Gärten eingeschoben, und vorn befindet sich ein riesiger Rasenplatz mit Marmorbassins, Treppen und Gartenkünsten. Der Park ist so groß wie ein kleines Landgut. Eine Schmalspur-Personenbahn, ähnlich einem Kinderspielzeug, führt hindurch. Es gibt einen Golfplatz, eine Trainerbahn für Rennpferde und sicher noch allerlei, was ich nicht gesehen habe.

Wir gingen durch unzählige Räume: Säle, Salons, Waffenkammern. Überall standen Diener und diensttuende Kammerherren in den buntesten Gewändern, alle barfuß. »Wieviel Personal gibt es hier etwa?« fragte ich den Hausminister.

»Ach, jetzt nach der drastischen Kürzung nicht mehr viele.«

»Na, ungefähr wie viele?«

»Etwa fünfhundert.«

Inzwischen waren wir von dem offiziellen Festsaal mit Thron – in dem man einen Begriff von dem unglaublich strengen Zeremoniell bekommt, dem ja nicht nur die Hofschranzen, sondern auch die höchsten Herrschaften selbst unterworfen waren – in einen kleinen inoffiziellen Thronsaal gelangt.

So ein Maharadscha ist, wenn er nicht wie der verstorbene Fürst ein Genie ist, im Grunde gar kein Mensch, sondern ein Spielball unabdingbaren Brauchtums. Alles ist Etikette, und des Fürsten oberstes Gesetz heißt Dienst an der Zeremonie. Darum sind so viele indische Fürstlichkeiten, sobald sie nach Europa kommen – aller Bande ledig –, durch Alkohol und Frauen zugrunde gerichtet worden.

In jenem inoffiziellen Thronsaal, den man normalerweise nicht betreten darf, steht eine gelbseidene *Couchette* mit stilisiertem Baldachin. Hier empfängt *His High-*

ness nur die zum eigentlichen Haushalt gehörigen Beamten, die Familie und Verwandtschaft – niemals Fremde. Und hier, wo ein kleiner Blumenkranz auf dem Thron liegt, gilt *His Highness* als stets anwesend. Darum steht auch eine Wache mit Gewehr in Ausfallstellung neben dem Thron, um ihn zu schützen. Alle drei Stunden wird die Wache gewechselt. Sie steht immer da, Tag und Nacht, auch wenn der Maharadscha sich für einige Monate in London oder Paris aufhält.

Nahe der Decke des Raumes, hoch oben, hängt ein viele Meter langer Bildstreifen, auf dem die Hochzeit eines Maharadschas dargestellt ist. Ein langer Zug von gold- und edelsteingeschmückten Elefanten, auf denen der Herrscher und die Prominenz sitzen, davor Reiter, Fußvolk, Wagen, die von weißen Büffeln gezogen werden, eine goldene Kanone auf silbernen Rädern.

»Wann hat man das wohl zum letztenmal sehen können?« fragte ich nachdenklich.

»Das kann ich Ihnen genau sagen: gestern vor vier Jahren. Gestern war nämlich der Geburtstag des Maharadschas.«

Vor vier Jahren! Hier ist die Vergangenheit kaum vorüber. Sie reicht in der Tat sichtbar bis an das Heute heran.

Und als wollte er diesen meinen Gedanken bestätigen, führt mein munterer Sikh mich in die Ställe, wo die goldene Kutsche steht, wo die riesigen goldenen Schabracken der Elefanten – eigentlich sind es Teppiche – auf haushohen Gerüsten hängen und wo die Kanone wartet, deren langes, dickes Rohr aus massivem Gold besteht.

Als wir schließlich zu dem Elefantenmarstall kamen, sagte er ganz traurig: »Ja, jetzt gibt es nur noch drei, früher waren es achtzehn.«

»Ja! Die alte Zeit, die hätten Sie einmal erleben sollen!« rief er plötzlich ganz begeistert aus. (Wir waren an einem Bild vorbeigegangen, das ihn selbst neben *His Highness* auf dem Elefanten zeigte.) »Wenn so ein Umzug stattfand und die ganze Stadt Order bekam, in Feiertagsgewändern auf der Straße zu erscheinen, und dann die achtzehn Elefanten und die achtzehnhundert Pferde …«

»Wieso achtzehnhundert Pferde?«

»Ja, wir hatten doch unsere eigene Armee von siebentausend Mann, und dazu gehörte auch Kavallerie.«

In der Tat kamen wir später an dem alten Übungsplatz vorbei, an den Kasernen und hübschen Offiziershäusern. Der Kommandeur der Truppe war ein Engländer, der aber mit der englischen Verwaltung und dem englischen Residenten, einer Art Botschafter beim Maharadscha von Baroda, nichts zu schaffen hatte.

Am Abend dieses Tages saß ich noch lange mit dem Prinzen und seiner Frau zusammen. Ein ausgestopfter Tiger schaute im Hintergrund grimmig drein, während der Sikh Geschichten erzählte, orientalische Graf-Bobby-Geschichten: von dem Maharadscha von Gwalior, dessen *boy* die Notbremse zu ziehen pflegte, wenn er seinen Herrn morgens im Zug rasierte, aus Furcht, ihn zu schneiden. Und von einem anderen Potentaten, der die D-Züge als Jagdexpreß benutzte und immer, wenn er irgend etwas Spannendes in der Ferne erspähte, die Bremse zog und auf Pirsch ging.

Eigentlich, so schien es mir, sind Jagdgeschichten überall gleich; bei ungarischen Standesherren, indischen Maharadschas und ostpreußischen Junkern …

Februar 1954

Pataude – »mein Dorf«
Bei süßer Büffelmilch

Zweimal war ich nun schon durch Indien gereist, hatte die großen Tempel im Süden besucht und im Norden die heiligen Stätten am Ganges, war in Kalkutta gewesen, einer der größten und deprimierendsten Städte der Welt, und in Jamshedpur bei der Stahlindustrie des Tata-Konzerns. Ich hatte die Sonne über dem Mount Everest aufgehen sehen und den Vollmond über dem Tadsch Mahal; ich hatte die größten Universitätskomplexe durchwandert, die ich je irgendwo sah, und den höchsten Damm der Welt, den Bhakra Nangal, bestaunt. Nur eines hatte ich nie wirklich kennengelernt: die indischen Dörfer, in denen über dreiviertel aller Inder leben. So beschloß ich, mich für ein paar Tage in irgendein Dorf zu setzen, denn das war mir klar, der Inbegriff Indiens – ja des Ostens überhaupt – ist doch das Dorf.

Pataude war wirklich irgendein Dorf, eines der sechshunderttausend indischen Dörfer. Niemand hatte es vorgeschlagen, denn niemand kannte es. Aber es gab dort einen leerstehenden *Dak Bungalow* (in dem die englischen Beamten auf ihren Inspektionsreisen zu übernachten pflegten), also eine Möglichkeit der Bleibe. Freunde gaben mir ein Auto und ihren *boy*, und die Botschaft tat das Wichtigste: Sie ließ ihren bewährten Indologen mitfahren, der fließend Hindi spricht und schon so lange im Lande lebt, daß er fast selbst ein Inder geworden ist und darum von seinen Kollegen kurzerhand Schri genannt wird, was soviel wie Mister oder Monsieur heißt.

Pataúda ist ein großes Dorf, das mehr als zweitausend Einwohner hat. Es sind zum Teil reiche Bauern, denn der Boden ist dort gut, und fast jede Familie hat einen eigenen Brunnen – ich habe sicherlich an zweihundert Ziehbrunnen gesehen, die über die Felder verstreut sind. Im Dorf lebt jede Kaste für sich. Zwar gehen Kinder aus allen Kasten ohne Unterschied zusammen in die Schule, aber zum Wohnen und Heiraten bleibt man unter sich.

Auf eine mir unerklärliche geheimnisvolle Weise vermag der Inder – nicht immer, aber fast immer – zu sagen, zu welcher Kaste seine Landsleute gehören. Für mich dagegen sahen alle diese barfüßigen, weißverhüllten Gestalten ziemlich gleich aus, und bald erschienen sie mir auch alle gleichermaßen liebenswert. Lange dauerte es jedenfalls nicht, bis Schri und ich die ersten Freunde hatten, und dann ging es wie beim Schneeballsystem.

Am ersten Tag erregten wir einige Verwunderung und freundliches Befremden. Vor allem Schris zünftige Begrüßungen und seine wortreichen Kommentare in Hindi riefen entzücktes Staunen hervor. Diese außergewöhnlichen Fähigkeiten sprachen sich bald im Dorf herum.

Am nächsten Tag verwickelte uns ein alter, gescheit aussehender Mann mit Stalinschnauzer, der auf der Schwelle seines Hauses stand und zum *Pantschajat*, dem Rat der Dorfältesten, gehörte, in eine Unterhaltung. Er schickte Boten aus, die nach einiger Zeit mit zwei Korbstühlen zurückkehrten, die sie gegenüber dem Hause in den Sand stellten. Da thronten wir nun und sprachen mit dem immer dichter werdenden Kreis von Dörflern über die Zeitläufte, die Ernte, über Deutschland…, während der Sohn des Hauses zwei Gläser mit lauwarmer süßer Büffelmilch herbeiholte und uns mit kleinen, vielfarbigen, in Fett gebratenen Teigwaren traktierte.

Ich war verzweifelt über die Büffelmilch und gedachte mich ihrer zu entledigen, indem ich das Glas – einer Friedenspfeife gleich – kreisen lassen wollte, aber Schri, der im letzten Moment diesen Plan erriet, fuhr mich erschrocken an und machte mir klar, daß niemand etwas essen oder trinken könne, was ein anderer schon berührt hat.

Das mit dem Essen ist überhaupt eine komplizierte Geschichte. Nach den alten Kastenvorstellungen kann eigentlich niemand etwas essen, was der Angehörige einer Kaste, die niedriger als die seine ist, gekocht hat. Essen ist auch nicht wie bei uns eine gesellschaftliche Veranstaltung, sondern ein im Grunde peinlicher Vorgang. Jedenfalls erklärte mir ein anderer Dorfbewohner, der uns zum Abendessen eingeladen hatte – wobei wir mit seinen Freunden am Tisch saßen, während er als Hausherr uns bediente und viele schweigende Männer herumstanden und zusahen –, daß er nur in Gegenwart der allerengsten Familie esse, denn anders schicke sich das nicht.

Wir hatten ihn am Nachmittag am Brunnen kennengelernt, wohin uns die Rufe einer lauten, eintönigen Stimme gelockt hatten. In rhythmischen Abständen stieß sie immer die gleichen Sätze gellend in die stille, blaue Luft. Wir folgten der Stimme und sahen plötzlich folgendes Bild vor uns: Zwei Paar Ochsen legten, angetrieben von dem Besitzer jener Stimme, immer wieder die gleiche Strecke von etwa zwanzig Meter zurück weg vom Brunnen und wieder zurück zum Brunnen. Auf diese Weise zogen sie abwechselnd an einem Seil, das über ein Rad lief und an dessen Ende ein großer Ledersack aus Rinderhaut befestigt war, der jedesmal etwa vierzig Liter Wasser aus der Tiefe des Brunnens ans Tageslicht beförderte. Der Rufer mit der monotonen Stimme stieß den Sack – sobald er auf dem Brunnenrand gelandet war – mit einer eleganten Fußbewegung um, und schon ergoß sich das Wasser in das Kanalsystem.

Während der Sack heraufgezogen wird, ruft, vielmehr singt er mit lauter Stimme: »Gebt dem Namen Ramas Ehre« (Rama ist die siebente Inkarnation des Gottes Wischnu, Krischna die achte und Buddha die neunte). Und wenn das Wasser aus dem umgestülpten Sack ausgelaufen ist, ruft er: »Löset das Seil!« Dann zieht der Ochsentreiber das Seil aus dem Joch, es schnellt zurück, der Sack fällt in die Tiefe. Und das Ganze beginnt wieder von neuem.

Dort also hatten wir unseren zukünftigen Gastgeber getroffen, der offenbar der Bruder des Brunnenbesitzers war. Er saß mit einigen anderen, ihm verwandten Müßiggängern am Brunnen und sog abwechselnd mit ihnen an der kreisenden Wasserpfeife. So eine Wasserpfeife ist immer und überall dabei. Manchmal hörte man plötzlich, mitten in eine feierliche oder verlegene Stille hinein, das blubbernde Geräusch dieses unentbehrlichen Instruments, dessen Mundstück man übrigens nie mit den Lippen berührt. Man legt vielmehr die hohle Hand um das Mundstück und saugt dann an dieser.

Jenes mühselige Bewässerungsverfahren, das vier Ochsen und drei Männer in Anspruch nimmt, wird pausenlos – drei Stunden vormittags und drei Stunden nachmittags – durchgeführt, und zwar während etwa vier Monaten im Jahr. Zwei bis drei weitere Monate des Jahres vergehen mit Bestellung und Ernte, und die restlichen fünf Monate ist der Bauer mehr oder weniger arbeitslos.

Diese sogenannte Unterbeschäftigung ist eines der großen Probleme Asiens, weswegen denn auch heute in Indien die sogenannte dörfliche Industrie (Spinnen, Weben) als zusätzliche Verdienstmöglichkeit auf dem Lande propagiert wird. Keineswegs nur die Frauen spinnen und weben, sondern auch, fast könnte man sagen: vor allem, die Männer. Ich besuchte in Delhi einmal die Jamia-Millia-Islamia-Universität und sah dort eine Klasse älterer Studenten (alle in europäischer Kleidung) auf dem Boden sitzen und spinnen.

Unglaublich viele verschiedene Vögel gibt es in Patauda, den ganzen Tag über war die Luft von ihrem Lärm erfüllt: In den alten Bäumen, unweit des Brunnens, stritten sich zahllose Wellensittiche, langgeschwänzte Siebenschwestern und in allen Farben schillernde Häher. Immer wieder hört man in der Ferne die Rufe der Kraniche. Wilde Pfauen stolzieren über die Felder. Das helle Grün der Gerstenfelder, die vereinzelten Bäume entlang der tiefen Sandwege, durch welche dann und wann ein Ochsenkarren langsam mahlt, der süße Duft des blühenden Rapses – dieses ganze den Göttern und der Erde so nahe Leben hat etwas unendlich Beglückendes.

Ich fragte unseren Freund, seit wann seine Familie wohl schon in diesem Ort lebe. Zu meiner Verblüffung hatte er auf der Stelle eine ganz präzise Antwort: »Fast dreihundert Jahre«, sagte er, »und vorher waren wir etwa hundert Jahre in einem Dorf, das weiter östlich liegt.«

Wieso er das so genau wisse? »Unsere Familie geht immer nach Haredvara«, antwortete er. Haredvara ist ein heiliger Ort am Ganges, dort, wo der Fluß aus dem Himalaja tritt und in die Ebene fließt. Die dortigen Priester registrieren die Gläubigen, wenn sie auf der Pilgerfahrt zum Ganges kommen, um in dem heiligen Fluß zu baden, und diese Eintragungen dienen vielen als Grundlage zur »Ahnenforschung«.

Als wir am Abend bei unserem neuen Freund zu Gast waren und ich nach dem Genuß vieler glühend scharfer, vegetarischer Gerichte das Gefühl hatte, es würde kein Problem sein, als Feuerspeier aufzutreten, lud mich unser Gastgeber plötzlich ein, mit ihm zu den Frauen zu gehen, um sie zu begrüßen.

Wir traten hinaus und standen vor einem märchenhaften Bild: das Dorf im Mondenschein. Die unregelmäßigen Mauern warfen phantastische Schatten in die labyrinthartigen, schmalen Straßen. Ein Stück wanderten wir bergan und traten dann durch eine offene Tür in die Dunkelheit eines Raumes. Man spürte den warmen Geruch von Vieh, hörte das leise Schnaufen der Wasserbüffel und gewahrte dahinter einen mondbeschienenen Hof und dahinter wiederum einen Raum, in dem viele Frauen bei einer kleinen, offenen Ölflamme emsig beschäftigt waren.

Ich mußte auf dem Bett Platz nehmen: einem Holzrahmen, der mit Stricken bespannt ist und auf dem zur Nacht selbstgewebte Decken und Teppiche ausgebreitet werden. In kürzester Zeit hockten alle auf der Erde um mich herum: die alte Mutter unseres Freundes, seine reizende Schwester, viele Kinder und drei Schwägerinnen, die vor dem Schwager sofort ihr Gesicht verhüllten – eine Sitte, die die Hindufrauen offenbar von den Mohammedanerinnen angenommen haben.

Alle schwatzten durcheinander und fanden kichernd immer neue, offenbar lustige Kommentare über den eigenartigen nächtlichen Besuch. Und wenn wir uns auch gegenseitig nicht wörtlich verstanden, so genossen wir doch alle miteinander diese *soirée* ganz ungemein.

Als ich schließlich zu den Männern zurückkam, war der Raum noch voller als zuvor. Alle sangen sie miteinander ungemein feierliche Hymnen; auch Schri beherrschte die klagenden Melodien und diese seltsamen Töne, die wie ein Gong noch lange in der Luft schwingen.

Unsere Ankunft war das Zeichen zu neuem Aufbruch. Wieder zog man ein Stück durch das mondverklärte Dorf. Wir stiegen über einen erhöhten, balkonartigen Vorbau in einen niedrigen, zur Straße hin offenen Raum und nahmen auf den Sesseln Platz, die man hinter uns hergetragen hatte. Ein dichter Haufe junger und alter Männer drängte herein. Alle hatten ihre weißen Decken und Tücher wegen der Kühle der Nacht über den Kopf gezogen und dann mit einer eleganten Geste über die Schulter geschlagen. Jetzt hockten sie mit ernsten, feierlichen Mienen auf der Erde, im Kreis um einen jungen Burschen, der eine Trommel meisterhaft zu schlagen verstand.

Der Hausherr hielt eine kurze Ansprache, in der er die Versammlung ermahnte, keinen unnützen Lärm zu machen und den Gästen nicht zur Last zu fallen. Und dann wurde die halbe Nacht hindurch gesungen: lange epische Gesänge, meist religiösen oder mythologischen Inhalts, bis der Gastgeber von seinem Recht Gebrauch machte und uns durch die helle, duftende, von Grillen durchzirpte Nacht zurückbrachte zu unserem Dak Bungalow.

Am nächsten Morgen kam der Priester von dem hübschen kleinen Krischna-Tempel, der am Eingang des Dorfes steht, und brachte uns gesegnetes Brot. Als ich hinausblickte, sah ich eine Frau, die vor der Tür stand und die Gebärde des Essens machte. Sie führte die linke Hand an den geöffneten Mund und zeigte dann auf mich. Ich ging in die Küche und wollte ihr etwas zu essen holen, aber dann – oh, beschämendes Mißverständnis! – stellte sich heraus, daß sie mich zum Essen hatte einladen wollen.

Übrigens: Nicht ein einziges Mal sind wir in diesem Dorf angebettelt worden. Im Gegenteil: wir hatten Mühe, unsere Zigaretten an den Mann und die Bonbons an die Kinder zu bringen.

Als wir an diesem Morgen durch das Dorf wanderten, um zu dem acht Kilometer entfernten Markt zu gehen, wurden wir von einem neuen Würdenträger angehalten, der verlangte, daß wir seine lehmgestampfte Empore bestiegen, um mit ihm und seinen Kumpanen zu schwatzen, die dort um einen alten Herrn versammelt waren, der Wasserpfeife rauchend auf seinem Bett ruhte.

Zunächst waren wir darüber etwas unglücklich, weil unser Sinn doch in die Ferne stand, dann aber fügten wir uns der Einladung und wurden reich belohnt durch den Anblick eines malerischen Brautzuges. Schon am Abend vorher hatten wir die Musik gehört, jetzt führte nun der Bräutigam die Braut, von vielen buntgekleideten Frauen geleitet, von ihrem väterlichen Hause zu dem seinen. Die Musik brachte auch uns noch ein Ständchen, und dann machten wir uns auf den Weg.

Wir wanderten an vielen Brunnen vorbei, sahen die wunderbar schreitenden Gestalten der Frauen, die, hohe Krüge auf dem Kopf balancierend, kilometerweit über Land wandern. Ein Mann überholte uns, der sein Kamel am Halfterband führte und darauf seine ganze Familie und nicht wenig Hab und Gut versammelt hatte. Und immer wieder grüßte man nach allen Seiten: »Jai-Sita-Rama«, »Heil der Sita und dem Rama« (Sita ist die Gattin des Rama), oder man sagt auch nur den Namen des Gottes Rama.

Ein paar Hirtenbuben, die eine Herde junger Tiere weitab vom Weg weideten, riefen uns zu: »Woher kommt ihr? Wohin geht ihr?« – «Wir waren auf dem Markt, und wir gehen zurück zum Dak Bungalow«, schrien wir zurück. Dort angekommen, berichtete der Boy, es seien etwa hundert Menschen dagewesen, um uns zu begrüßen. Rama sei Dank hatten sie es aber aufgegeben zu warten.

Anderentags wieder viele Besuche und Gespräche. Sie sind zufrieden mit der Politik. Es gehe voran. »Wir sind jetzt auch bereit, Steuern zu zahlen, jetzt, wo es uns selbst zugute kommt und nicht mehr nur den Engländern.« Was denn für Fortschritte gemacht worden seien, erkundigte ich mich. »Ja, habt ihr denn unsere *High School* (eine Art Mittelschule) noch nicht gesehen? Dreihundert Kinder gehen dort jeden Tag in die Schule, und von da aus können sie später aufsteigen, entweder Lehrer werden oder studieren.«

Am Nachmittag statteten wir der Schule einen Besuch ab. Alle Schüler, große und kleine, saßen im Halbkreis auf der Erde, während wir und die Lehrer auf Stühlen Platz nahmen. Und dann bekamen wir einen anschaulichen Eindruck davon, wie in diesem Volk die geschichtliche Überlieferung gepflegt wird. Einzelne Jungen traten hervor und deklamierten singend lange epische Darstellungen der Befreiung Indiens oder kleiner Begebenheiten, die sich im Dorf und der Umgegend zugetragen hatten.

Wenn ich jetzt zurückdenke an Pataudа, an »mein Dorf«, an diese unendlich gastlichen, taktvollen, liebenswerten Menschen, dann allerdings scheint mir, daß ich nirgendwo anders in Indien das Schlagwort von den Brüdern so sehr als eine echte zutreffende Aussage empfunden habe wie gerade dort. Nicht im Sinne begütigenden Mitleids mit den armen Analphabeten, die ohne WC und ohne elektrisches Licht leben müssen, sondern voller Bewunderung für Menschen, die es fertigbringen, eine Gemeinschaft zu bilden, die sich in wirklich menschlicher Weise zu regieren versteht.

In Pataudа gibt es nämlich keinerlei Funktionäre der Regierung. Was zu geschehen hat, beschließt der gewählte Ältestenrat des Dorfes. Er sitzt auch zu Gericht über das, was an Unrecht geschehen ist, und kann nach eigenem Urteil Strafen bis zu zweihundert Rupien verhängen. Die nächste Gendarmerie ist weit entfernt. Ein Polizist kommt vielleicht auf sechzigtausend oder hunderttausend Dörfler.

Ob man diese Ausgewogenheit zwischen Macht und Verantwortung wird erhalten können, wenn Pataudа eines Tages modernisiert, zentralisiert und mit den Segnungen der Zivilisation ausgestattet sein wird?

Als wir uns von unseren Freunden verabschiedeten, war der Bauer mit dem Stalinschnauzer ganz traurig, daß er sich mit mir nicht hatte direkt verständigen können. Aber er tröstete sich damit, daß die Herzen keiner Sprache bedürften und daß man auch im Schweigen die Freundschaft spüre. »Es ist ein großes Geschenk, daß ihr gekommen seid«, sagte er, »ich danke euch; dafür und Gott Rama, der euch hergeführt hat.«

»Nein«, antwortete Schri, »danke nur Rama, denn er ist es, der alles fügt.«

»Aber vielleicht ist er es, der in dir wohnt und dem ich durch dich begegne«, antwortete der alte Mann und fügte hinzu: »Denn Gott ist groß und überall.«

Februar 1957

In Bali hat das Jahr nur 210 Tage

Zu meiner Enttäuschung hatte ich vernommen, daß die Hahnenkämpfe – der traditionelle Sport von Bali – verboten seien. Als ich aber am ersten Morgen, lange vor Sonnenaufgang, einen Chor von Hähnen krähen hörte, begriff ich, daß die Polizei in Bali keine große Rolle spielt.

Ich hatte befürchtet, eine Art Hollywoodbetrieb vorzufinden mit Luxushotels und Schautänzen. Bei der Ankunft erfuhr ich jedoch, daß in dem einzigen Hotel der Insel seit vierzehn Tagen gestreikt wird. »Sie müssen selber kochen! Sauber gemacht wird nicht! Bettwäsche gibt es keine!« hieß es bei der Ankunft. In der Tat lag in dem Zimmer, das mir zugewiesen wurde und das ich durchs Fenster besteigen mußte, weil die Mitbewohnerin, eine Holländerin, den Schlüssel auf einen Ausflug mitgenommen hatte, in einer Ecke ein großer Haufen alter Bettwäsche.

Touristen gibt es nicht sehr viele, und die meisten beschränken sich darauf, mit dem Taxi in der näheren Umgebung herumzufahren. Die Straßen sind wie fremde Ströme, die an dem eigentlichen Leben der Bewohner vorüberfließen, deren Dörfer alle durch hohe Mauern vom Verkehr abgetrennt sind. Aber wenn man abseits der Straßen zu Fuß durch das Land streift, dann liegt dieses Leben offen ausgebreitet. Winzig kleine Reisfelder fügen sich an große Äcker. Miniaturtempel, aus Reisstroh geflochten, stehen wie kleine Vogelhäuschen auf einem Pfahl mitten im Feld.

Es gibt keine technischen Verkehrsmittel; alles wird nach Haus geschleppt: das Holz, die Ernte, die Markterzeugnisse … Die Frauen tragen alles auf dem Kopf, die Männer balancieren eine Art chinesisches Tragholz über einer Schulter, an dem die zu befördernden Dinge hängen.

Ich folge schmalen Fußpfaden und warte voller Spannung auf den Moment, wo plötzlich in der Ferne ein Hund bellt oder man das rhythmische Stampfen der Frauen hört, die in ausgehöhlten Stämmen den Reis zu Mehl stoßen. Dann ist ein Dorf nicht mehr weit.

Eines Tages habe ich in Singaradja (im Norden von Bali) in einer höheren Schule vor den Jungen der obersten Klasse, in deren Unterricht ich zufällig hereinplatzte, eine Stunde lang über meine Reiseerlebnisse, über Europa, Deutschland und alles mögliche berichten müssen. Sie konnten erstaunlicherweise diesem englischen Vortrag folgen, waren überhaupt sehr lebendig, aber riesig lachlustig.

Als ich nachher der Indonesierin, die den englischen Unterricht erteilt, eine Bemerkung darüber machte, meinte sie: »Wir haben einen Amerikaner hier, der gelegentlich unterrichtet. Neulich hat er sich einmal darüber beschwert, wie kindisch die Schüler seien: die Oberprimaner lachten über Witze, die man anderwärts kaum in der Elementarschule mit Erfolg erzählen könne. Ich mußte ihn dann«, so sagte sie, »darüber aufklären, daß sie ganz gewiß nicht über seine Witze lachten, sondern über ihn, weil für sie alles an ihm erstaunlich fremd, komisch und belustigend sei …«

Ich hatte in Djakarta, der Hauptstadt Indonesiens, einen Holländer getroffen, der mir einen Brief an den Maler Bonnet in Ubud auf Bali mitgegeben hatte. Bonnet gab mir dann ein Wort an einen Holländer in Denpasar, und der wiederum brachte mich in Verbindung mit einem jungen Balinesen, der bei der Regierung von Bali angestellt ist. Dieser schließlich nahm mich auf eine Inspektionsreise mit, und so bekam ich mehr zu sehen, als ich erwartet hatte.

Wir sahen im Morgengrauen die Frauen mit großen, kunstvoll aufgetürmten Opfergaben aus Früchten, Blumen und Gebäck zu den Tempeln wandern. Irgendwo unterwegs war ein Tempelfest, das alle sieben Monate stattfindet, denn in Bali hat das Jahr nur zweihundertzehn Tage. Da jedes Dorf eine ganze Anzahl Tempel hat (ganz abgesehen davon, daß jede Familie ihre kleinen Privattempelchen besitzt, die manchmal ein bißchen wie Taubenschläge aussehen), ist immer irgendwo ein Fest.

Stets und überall gibt es mindestens einen Tempel für die Dorfgemeinschaft, einen für die Vorfahren und einen für die Toten in der Nähe der Verbrennungsstelle. Wir gingen hinein in den Tempel, der sein Jahresfest feierte; er war geschmückt mit Blumen, Girlanden, weißen Fahnen und mit frisch geflochtenen Matten aus jungem, hellgelbem Bambus, auf denen zauberhafte Muster aus grünen Blattstreifen und kleinen lila Blüten zu sehen waren. Alle diese Dekorationen macht das Dorf gemeinsam, wie denn die dörfliche Gemeinschaft überhaupt eine hervorragende Rolle spielt.

In der Vorstellungswelt der Balinesen leben Götter und Dämonen, gute und böse Geister; sie sind in ständigem Kampf gegeneinander, und wenn die Harmonie der dörflichen Gemeinschaft erhalten werden soll, dann muß man versuchen, eine Balance zwischen den beiden Elementen herzustellen. Darum werden den Göttern stets kleine Opfer dargebracht, aber man muß schauen, auch die bösen Geister versöhnlich zu stimmen.

Es gibt ausgesprochen magische Tageszeiten: helle und dunkle. So sind beispielsweise zur Zeit des Sonnenuntergangs die kleinen unheilstiftenden Geister besonders rege, die vom Schabernack bis zu schwerer Krankheit für alles Abträgliche verantwortlich sind. Darum findet man allenthalben gegen Abend vor den Häusern kleine Blütenarrangements, die die Geister fernhalten sollen.

Als ich gegen Mittag den Maler Bonnet in Ubud besuchte und zwischen Blumen und Sträuchern die Steintreppe zu seinem Haus hinaufstieg, lagen auf der obersten Stufe auf einem viereckig geschnittenen Bananenblatt ein paar Körner gekochter Reis: der Koch hatte eben das Mittagessen bereitet und darum auch den Geistern sein Opfer gebracht.

Ob dieses Gefühl, in einer unberührten Welt zu sein, in der Götter und Dämonen noch eine Realität sind, wohl daher kommt, daß fast alle Menschen auf dem Land und in einer geschlossenen Gemeinschaft leben? Es gibt hier nur zwei Städte, die etwa dreißigtausend Einwohner haben, und ein paar große Dörfer, die man ebenfalls Städte nennt. Es gibt nur eine Zigarettenfabrik und eine Konservenfabrik mit je zweihundert Arbeitern und zwei Reismühlen mit je hundert Arbeitern. Das ist bei der Gesamtbevölkerung von zwei Millionen Menschen gewiß nicht viel Industrie.

Ich fragte, ob in der Jugend nicht auch hier eine gewisse Unrast zu spüren sei und die Sehnsucht nach dem Glanz der Städte und ihren Kinos. Die Antwort lautete: »Natürlich, die jungen Menschen versuchen immer mehr zu verdienen, unabhängig zu werden, aber es gibt ja hier nicht wie anderwärts Städte, in denen man viel verdienen kann, und so bleiben sie doch schließlich in ihren Dörfern.«

Fast alle Tänze in Bali sind religiöser, kultischer Natur. Die entscheidende Rolle spielt immer der Kampf zwischen Gut und Böse, zwischen Barung, dem männlich guten, und Rangde, dem weiblich bösen Element. Barung ist ein riesig großes Ungetüm, dargestellt von zwei Männern, die in ein zottiges Fell hineinkriechen.

Zum erstenmal sah ich die Dämonen bei einem Kris-Tanz, bei dem am Schluß Rangde die Kämpfer in Trance versetzt, so daß sie plötzlich den langen Kris gegen die eigene Brust richteten, bis Barung durch die Reihen der am Boden zusammengesunkenen Krieger schritt, den Bann brach und alles sich zum Guten wendete.

Bei jeder Trance-Szene, in der die Kämpfer sich mit verzerrtem Gesicht am Boden wälzten, gab es einen, der von drei Dorfbewohnern überwältigt werden mußte, weil er so sehr in Trance geraten war, daß er allein nicht mehr herausfand.

Am folgenden Tag begegnete ich gegen Abend, oben in den Bergen, einer Prozession: Barung, von dumpfen Trommelschlägen begleitet, gefolgt von vielen Männern, Frauen und Kindern, die alle unendlich ernst und konzentriert aussahen und zu einem fernen Tempel wanderten.

Wenn der Reis reif ist, rötlich gelb wie der Weizen in der Toskana, sieht man Männer und Frauen mit ihren großen Hüten im Felde stehen. Sie pflücken den Reis wie Blumen: Rispe für Rispe oder auch eine Handvoll auf einmal, bis ein Bündel, ein Blumenstrauß beisammen ist, dann werden mehrere dieser Bündel nebeneinander ans Tragholz gehängt und heimgebracht. Weithin leuchten die bunten Röcke der Frauen. Und weithin dringt das nie abreißende Geschwätz, wenn sie wie in einem Paradiesgärtchen in ihrem Reisfeld stehen.

Es ist verboten, das Getreide auf dem Halm zu verkaufen. Es muß erst eine bestimmte Anzahl von Tagen zu Hause, nahe dem Tempel und der Wohnstätte der Ahnen, gelagert haben, ehe man sich von ihm trennen darf. Es gibt Regeln und Gesetze ohne Ende auf dieser Insel. Man könnte Jahre hier leben und würde täglich wieder Neues erfahren.

Eigentlich ist es ein paradiesischer Zustand, daß die Menschen hier nicht in Anbetung einer abstrakten, fernen Gottheit, sondern in enger Berührung mit den Göttern leben. Die Götter kommen zu den Tempelfesten und werden mit Musik, Blumen und Aufmerksamkeiten traktiert, damit sie nicht wieder gelangweilt davongehen. Das tägliche Leben ist eins mit den religiösen Vorstellungen. Es gibt die Identität von innen und außen. Die Welt ist noch eine Einheit aus Geist und Materie, fast so, als habe der Sündenfall nicht stattgefunden.

Hier erfährt man, was eigentlich das Schöpferische im Menschen ist: Der Mensch kann die Welt nach seiner Art formen. So wie er sie sieht, so ist sie: ein Tummelplatz der Götter und Geister oder ein ödes Schlachtfeld, auf dem Macht, Hunger und Neid ihr Unwesen treiben. »An das Göttliche glauben die allein, die es selber sind«, heißt es bei Hölderlin.

In Bali hat jeder Mensch Phantasie, ist jeder ein Künstler. Jedes Dorf verfügt über ein Orchester, die großen sogar über mehrere. Jeden Tag ist irgendwo Tanz.

Viele Balinesen malen, schnitzen oder modellieren und übersäen das Land mit seltenen Figuren, die irgendwo am Wege, im Gebüsch oder vor den Häusern stehen. Nicht eine Gilde von Künstlern betreibt Kunst für Touristen oder für den Export (natürlich gibt es auch das), sondern die Dörfler tun es, die Mädchen und Jungen – zur Freude der Götter und der Ahnen und zum eigenen Pläsier.

Im übrigen ist der Aktivitätsdrang nicht besonders groß. Am Nachmittag hockt das ganze Volk am Wege: Die Männer streicheln liebevoll ihre Hähne, auf die beim Hahnenkampf große Summen gesetzt werden, und der Nachwuchs laust sich gegenseitig mit großer Systematik. Das heißt, nicht gegenseitig, sondern immer die Größeren die jeweils Kleineren – auch das ist offenbar ein festes Ritual …

März 1954

Sarvepalli Radhakrishnan

Der Vizepräsident Indiens, Radhakrishnan, ist seit 1955 Mitglied des Ordenskapitels *Pour le Mérite*. Er ist also einer der sechs ausländischen Gelehrten und Dichter, denen die vom Preußenkönig Friedrich Wilhelm IV. gestiftete Friedensklasse des Friderizianischen Ordens verliehen wurde.

Schmächtig, aber keineswegs klein von Statur, in einen weißen Kaschmirschal gehüllt, sitzt er kerzengerade vor uns, der schmale, durchgeistigte Kopf von einem altmodischen, weißen Turban gekrönt. Er spricht von Deutschland und der großen deutschen Tradition im Sanskrit, die sein und unser Volk verbindet. Er spricht von dem Einfluß der Upanishaden auf die europäische Philosophie von Plato bis Kant.

Er hat Leibniz gelesen, Hegel und Kant studiert: »Der Begriff vom Ding an sich stammt eigentlich aus den Upanishaden.« Natürlich kennt er die griechische Philosophie, die Lehren Buddhas, die gesamte östliche Mystik und Philosophie; er zitiert die Kirchenväter und den jüdischen Historiker Josephus Flavius.

»Reiche sind gekommen und gegangen«, sagt Radhakrischnan, »die großen chinesischen, persischen, das islamische, Athen, Rom, Kreta – auf vielen Altären sind die Feuer verloschen. Das einzige, was bleibt, sind die Gedanken und Schriften der Großen. Die Zeugnisse der Suche nach Wahrheit.«

Sir Sarvepalli – Radhakrishnan wurde 1931 von Georg V. der Titel Sir verliehen, wovon er aber keinen Gebrauch macht – ist wahrscheinlich einer der wenigen Lebenden, vielleicht der einzige, in dem sich das gesamte Kulturgut der östlichen und der abendländischen geistigen Welt vereint, der es beherrscht und dem es tatsächlich präsent ist.

Der heute Neunundsechzigjährige hatte mit neunundzwanzig Jahren bereits eine volle Professur. Vier Jahre später veröffentlichte er eine Kritik an der zeitgenössischen westlichen Philosophie, Bergson und anderen, die ihn mit einem Schlage auch in Europa bekannt machte *(The reign of religion in contemporary philosophy)*.

In den dreißiger Jahren war er der erste Gelehrte auf dem in Oxford neugeschaffenen Lehrstuhl für östliche Religionen und Ethik und zugleich der erste Inder, der Mitglied der Britischen Akademie wurde. Er hat Vorlesungen gehalten in Harvard und Yale und anderen amerikanischen Universitäten, und er ist Ehrenprofessor der Moskauer Universität.

Radhakrishnan berichtet von einer Reise nach Mexiko, wo er kürzlich der Einweihung einer neuen Universität beiwohnte. Ganz begeistert erzählt er, man habe dort in den vier Ecken des Auditorium maximum vier Statuen aufgestellt: einen einheimischen Häuptling, einen spanischen Heiligen, Plato und Buddha. Ob das nicht ein gewisser Eklektizismus sei? »Nein«, sagte der Inder, den das bürokratische Kategorisieren des abendländischen Denkens sicherlich philisterhaft anmutet, »o nein, es zeigt nur, daß es im Reich des Geistes keine Grenzen gibt. Sehen Sie, ich fühle mich überall in der Welt zu Hause. Ich habe vierzig Jahre im Zusammensein mit diesen Geistern verbracht, und ich sage Ihnen, ihre Welt ist die einzige, die nicht vergänglich ist.«

Plötzlich unterbricht der Vizepräsident seinen Monolog. Sein Blick, der in die Runde schweifte, war an dem jungen Beamten des Auswärtigen Amtes haftengeblieben, der uns begleitete: »Und Ihr, junger Mann, was tut Ihr?« fragt er und läßt sich berichten von der eben in Frankreich und Deutschland beendeten Studienzeit des jungen Doktor phil. Und für einen Augenblick ist Radhakrishnan ganz Landesvater und Staatsoberhaupt. Er ist in dieser Rolle ebenso überzeugend wie in der des Allwissenden.

Während einiger Jahre ist Radhakrishnan auch Diplomat gewesen. Nehru hatte ihn 1949 – und das war nun wirklich ein echt Nehruscher Einfall – als ersten Botschafter Indiens für drei Jahre nach Moskau geschickt. Er selber erzählt, er habe Stalin schon etwa ein Jahr vor seinem Tode für einen erledigten Mann gehalten. »Er war aufgedunsen, sprach unzusammenhängend, griff ins Leere, wenn er nach einem Glas fassen wollte. Ich dachte, er würde viel früher sterben.«

»Ich habe denen im Kreml einmal gesagt«, fährt er fort, »bei euch in eurer klassenlosen Gesellschaft gibt es immer noch zwei Klassen: die einen, die im Büro, die anderen, die im Gefängnis sitzen. Alle waren ärgerlich über diese Bemerkung, nur Molotow lächelte.«

Ich rutschte aus der Tiefe meines Fauteuils auf die Kante in dem Gefühl, es sei unbescheiden, die kostbare Zeit dieses Mannes noch länger in Anspruch zu nehmen, aber es zeigte sich, daß wir nicht nur bei einem Gelehrten zu Gast waren, sondern von einem Staatsoberhaupt empfangen worden waren. Der Vizepräsident, der die Geste wohl bemerkt hatte, sprach weiter – es ziemt sich nicht bei Hofe, daß der Gast entscheidet, wann die Zeit gekommen ist. Später gab er selber das Zeichen, ein kaum merkliches Zeichen zum Aufbruch. Die Audienz war beendet.

1957

Hongkong,
Insel am Rande des Roten Reiches

»Mehr Krieg würde dem Handel von Hongkong schaden; aber mehr Frieden würde ihm auch nicht guttun«, meinte ein Kaufmann in Hongkong. Der Dämmerzustand zwischen Krieg und Frieden ist das ideale Klima für dieses seltsame Eiland, das zugleich Schaufenster des Westens im Osten und Guckloch für den Westen nach Osten ist und auf dem mehr Güter umgeschlagen werden als im Hafen von New York.

Daß Hongkong im Zwielicht gut gedeiht, weiß man, aber über die Gründe bestehen vielfach falsche Vorstellungen: Es zeigt sich nämlich bei näherer Betrachtung, daß die Prosperität gar nicht vom Schwarzhandel mit dem roten China kommt, sondern einem anderen Umstand zuzuschreiben ist. Wenn zwei Handeltreibende nicht die gleiche Sprache sprechen und überdies ihre gegenseitigen Usancen nicht kennen, brauchen sie einen Dolmetscher. Der geschäftliche Dolmetscher zwischen Ost und West ist nun einmal der Kaufmann von Hongkong. Er kennt beide Welten.

»Ja, wir kaufen eben das Risiko und verkaufen die Chance, und das ist nicht billig«, sagte der Kaufmann, mit dem ich sprach, und schaute versonnen von seiner Terrasse auf dem Peak – der höchsten Spitze dieser bergigen Insel – hinunter auf den in perlmuttfarbenem Abenddämmer verschwimmenden Hafen. Gleich einer schwebenden sphärischen Stadt aus Licht, Dunst, Farbe und Wasser zieht sich der Hafen um den dunklen Fuß des Peak. Weiß erstrahlt das Europäerviertel; rot, grün und gelb blinken die Reklamen von Chinatown. Dann kommt die See mit unzähligen großen und kleinen Schiffen, die wie Leuchtkäfer ihre Bahn über das dunkle Wasser ziehen, und dahinter liegt Kowloon, der Stadtteil auf dem Festland. Leise tönt das Geräusch des Hafens herauf in die Stille, die vom Gezirp der Grillen untermalt wird.

Hinter Kowloon beginnt das Land, die Finsternis. Etwa zwanzig Kilometer gen Norden reichen noch die sogenannten New Territories der britischen Kolonie, die England 1898 auf neunundneunzig Jahre von China pachtete; dann kommt ein Fluß, der die Grenze bildet, und dahinter dann für Tage und Wochen: China.

Ich stand eines Tages an der armseligen Brücke, die Rotchina von der britischen Kolonie Hongkong trennt. Auf dieser Seite stehen zwei Soldaten mit Gewehren, auf der anderen zwei Soldaten mit Maschinenpistolen. Alle vier sind Chinesen. Die beiden *British subjects* stammen aus Hongkong, die anderen sind weit her von Norden gekommen und sprechen eine Sprache, die man hier im Süden nicht kennt.

Der Fluß trennt, aber die Brücke verbindet. Es herrscht viel Betrieb. Im Laufschritt werden grobe hölzerne Schubkarren über die klappernden Bretter geschoben. Auf jedem Karren liegt ein riesiger, rund geflochtener Korb; darin sind Enten, die auf einen Lastwagen verladen werden und nach Hongkong gehen, um dort verspeist zu werden. Dreiviertel der Versorgung Hongkongs kommt aus Rotchina, denn außer Gemüse und einem bißchen Reis wächst nicht viel in dieser kargen Berglandschaft. Und in Hongkong leben immerhin mehr als zwei Millionen Menschen, die ernährt werden wollen.

Die Enten schnattern aufgeregt in ihren Körben. Ein paar Bauern, die auf der »weißen« Seite ihr Land und auf der »roten« ihre Bleibe haben, ziehen langsam mit einem Ochsen, der eine Art Egge auf dem Rücken trägt, über die Brücke. Ein paar Raubvögel kreisen über der kahlen, gelbbraunen Berglandschaft, und eilige Wolken ziehen am Himmel dahin: Frühling.

Ein paar Kilometer weiter westlich führt eine Eisenbahnbrücke über den Fluß. Täglich treffen dort drei Züge von Norden, von Kanton, ein. Ob sie auch Passagiere befördern oder nur Fracht? – »Natürlich auch Passagiere!« heißt es. Heute früh sei gerade der pakistanische Botschafter aus Peking angekommen.

Die Züge halten vor der Brücke, die Reisenden kommen zu Fuß herüber und steigen diesseits in einen Zug, der sie die dreißig Kilometer nach Hongkong bringt. Von Peking bis zu dieser Brücke reist man vier Tage. – »Das finden Sie viel?« lacht der englische Polizeiinspektor, der uns führt. »Wir sind früher manchmal von hier mit der Eisenbahn nach Haus gefahren – siebzehn Tage und siebzehn Nächte bis London!«

Siebzehn Tage bis London! Also etwa fünfzehn Tage bis Berlin! Merkwürdig, da steht man also an der anderen Seite des kommunistischen Reiches, gewissermaßen an der »Hintertür«. Was mag alles vorgehen in diesem riesigen Gebiet zwischen dem Bambus- und dem Eisernen Vorhang?

Als ich Gelegenheit hatte, den Gouverneur zu sprechen – er ist übrigens ein Mann, der als würdiger Stellvertreter des Souveräns ein sehr strenges Hofzeremoniell beachtet –, meinte ich, es sei doch eigentlich unheimlich, sich das riesige chinesische Reich vorzustellen und diese kleine Insel Hongkong: ein appetitlicher Bissen vor der Nase eines gewaltigen Ungeheuers. Wird der Gigant nicht zuschnappen? Das sei eine höchst laienhafte Vorstellung, erwiderte der Gouverneur: Erstens müßten die Chinesen für ein Angriffsmanöver die absolute Luftüberlegenheit haben. Zweitens sei es für die Amerikaner von Okinawa nach Kanton nicht weiter als nach Korea. Und schließlich sei der Pachtvertrag 1997 ohnehin zu Ende. Warum sollten die Chinesen schon heute sich mit Gewalt holen wollen, was ihnen in einigen Jahrzehnten mühelos zufällt?

Zeitbegriffe haben diese Engländer! In gewisser Hinsicht haben sie Ähnlichkeit mit den Chinesen: ihr Geschäftssinn, ihre Witterung für Macht, die Bereitschaft, sich bestehenden Machtverhältnissen zu fügen, und dann der Wechsel von Wendigkeit und Sturheit …

Die Mischung von jahrtausendealter chinesischer Zivilisation und jahrhundertealter englischer politischer Erfahrung hat in Hongkong eine Insel der Glücklichen geschaffen. Nicht nur, daß die Bürger wenig Steuern zahlen – es ist auch ein bißchen so, wie Djuang Dsi vor zweitausend Jahren die Herrschaft der wahren Könige geschildert hat: Die Briten haben alles weislich geordnet, ohne daß man ihr Walten spürt.

Hier, an diesem Vorposten des Westens in der östlichen Hemisphäre, sind nicht einmal kommunistische Zeitungen verboten, und man kann propagandistische Literatur des neuen China überall in Übersetzungen erstehen. Man kann auch sämtliche Geldsorten der Welt kaufen, verkaufen und untereinander tauschen. Es gibt wenig Verbote. Aber es gibt für den Notfall eine erstklassige Polizei.

März 1954

Ein Krieg, der nicht beendet werden kann

Flugplatz Hanoi: Es ist kalt, der Himmel bedeckt, das Rollfeld naß vom Regen. Ich habe einen Ausweis als Kriegskorrespondent bekommen und eine *Ordre de Mission*, ausgestellt vom *Commandement des Forces Terrestres du Nord Viet Nam*. Die Weisung heißt, ich solle mich nach Nam Dinh im Delta begeben.

In dem kleinen Warteraum verkündet das Radio gerade den letzten »Wehrmachtsbericht«: »... *grandes pertes de l'ennemi*.« Der junge französische Gefreite, der in der Ecke sitzt, ruft wütend: »Immer haben nur die Feinde Verluste, nie wir...« »Das ist immer so«, sage ich, »wir haben während fünf Jahren Krieg immer nur den anderen Verluste zugefügt, und als man am Ende die Bilanz zog, fehlten bei uns ein paar Millionen Menschen.«

Auf dem Platz standen viele große Maschinen und ganz in der Ecke ein einmotoriges graugrünes Insekt, einer afrikanischen Heuschrecke ähnlich. Zu fünft nahmen wir darin Platz. Wenn der riesige Oberst, der vor mir saß, sich umdrehte, schwankte der Vogel jedesmal wie ein Drachen im Wind. Aus der geringen Höhe konnte ich die Deltalandschaft genau studieren. Drunten lagen die großen Straßen, die (wie die großen Städte) in der Hand der Franzosen sind, was nicht hindert, daß immer wieder Überfälle vorkommen. Fast jede Nacht während der letzten Wochen ist auch der Schienenstrang Hanoi–Haiphong unterbrochen worden. Und außerdem verminen die kommunistischen Vietminh die Straßen. Ich sah während des ganzen Fluges nur ein einziges Auto.

Das Delta ist – mit Ausnahme der im Westen gelegenen Festung Dien Bien Phu, um die gerade in diesen Tagen erbittert gekämpft wird – der einzige Teil Nordvietnams, der sich noch in der Hand der Regierung befindet. Es ist ein fast gleichschenkliges Dreieck, dessen Seiten etwa einhundertfünfzig Kilometer lang sind. Ein flaches, hellgrünes Gebiet, durchzogen von immer wieder sich trennenden und zusammenfließenden Flußarmen.

Etwa acht Millionen Menschen leben hier in großen Dörfern dicht zusammengedrängt. Dunkle Lehmhäuser, mit Reisstroh bedeckt; rundum ein paar Bäume. Nach zwei Kilometern wieder solch ein Dorf. Dazwischen Reisfelder, die zweimal im Jahr geerntet werden, im Mai und im September. Wenn es soweit ist, wird jedesmal der Krieg heißer, der im Sommer gewöhnlich abflaut. Und so geht das nun seit acht Jahren.

Hier, im Delta des »Roten Flusses«, der aus Tibet und China gewaltige Mengen Wasser heranwälzt, wird, so sagen viele, gegenwärtig das Schicksal Südostasiens entschieden. Denn wenn das Delta nicht zu halten ist, wird Indochina kommunistisch werden.

Die große Bedeutung des Deltas für Vietnam besteht darin, daß in diesem im Grunde winzigen Gebiet ein Viertel der gesamten Bevölkerung des Landes lebt. Vietnam erstreckt sich von Tonking im Norden bis einschließlich Cochin im Süden, aber es ist ein im Inneren ganz dünn besiedeltes Land. Von Saigon nach Hanoi fliegt man dreieinhalb Stunden über Wald oder Berge – nirgendwo eine Stadt, nirgendwo große Dörfer, nirgends Straßen. Berge mit Wald oder nur Berge oder nur Wald; das ist alles. Wirklich bevölkert sind nur der Süden, die Ostküste und das Delta des Roten Flusses.

Neun Zehntel der Bevölkerung leben in einem Zehntel des Territoriums.

Es gibt hier zwei Arten von Krieg, einen »normalen« Krieg, in dem mit Artillerie, Granatwerfern, Infanterieverbänden gekämpft wird. Er tobt jetzt eben um die Festung Dien Bien Phu, in der eine Besatzung von vierzehntausend Mann sich gegen drei oder vier reguläre Vietminh-Divisionen verteidigt. Dien Bien Phu, eine isolierte, aber starke französische Befestigung, ist auf Hunderte von Kilometern von Vietminh-Gebiet umgeben und wird ausschließlich aus der Luft versorgt. Da es an der roten Nachschubstraße von China nach Laos liegt, ist Dien Bien Phu ein wichtiger Platz.

Erst kürzlich, bevor die große Offensive begann, war eine neue Straße von China über Lai Chau fertig geworden, die die Vietminh mit Hilfe von Zehntausenden von Kulis gebaut haben und auf der jetzt, während der Schlacht um Dien Bien Phu, die großen russischen »Molotowa«-Lastwagen von Norden nach Süden rollen, wobei sie den Angriffen der französischen Jagdflugzeuge ausgesetzt sind.

Diese Form des »normalen« Krieges technisiert sich immer mehr. Noch im vorigen Jahr haben die Vietminh fast den ganzen Nachschub durch Kulis transportieren lassen, jetzt rollen Lastkraftwagen. Auch haben die Vietminh in diesem Jahr zum erstenmal Flak eingesetzt, die den Franzosen sehr zu schaffen macht, weil diese eben ihre Soldaten in Dien Bien Phu nur aus der Luft versorgen können. Das größte Problem ist, wie sich in diesen Tagen herausgestellt hat, der Abtransport der Verwundeten. Die großen Dakotamaschinen können auf dem zerschossenen Gelände nicht mehr landen. (Nur einer einzigen gelang es, während der ersten vier Tage fünfunddreißig Verwundete herauszuschaffen; alle anderen Verwundeten sind noch in der Festung.) Jetzt versuchen die Franzosen es mit Hubschraubern.

Die Verluste sind sehr groß. Die Franzosen geben die Ausfälle beim Gegner mit fünftausend an und hüllen sich hinsichtlich der eigenen in Schweigen. Über die regulären Vietminh-Divisionen sagte mir ein französischer General, er habe die größte Achtung vor ihrer Tapferkeit, und man müsse anerkennen, daß sie im allgemeinen die Gesetze und Regeln der Kriegsführung achteten.

Ganz anders ist die zweite Art von Krieg. Es ist ein Krieg ohne Front, ohne Spielregeln, oft sogar ohne Soldaten. Ein Krieg, der viele Namen hat: Befreiungskrieg, Kolonialkrieg, Unabhängigkeitskrieg, Guerillakrieg. Es ist ein Kampf, bei dem erst, wenn die Handgranate abgezogen ist oder das Messer blitzt, sich herausstellt, wer der Feind ist. Jeder kann es sein: der Bauer, der sein Reisfeld pflügt, die Pistole unter dem Hemd, oder ein anderer, der mit Körben beladen zur Stadt kommt und ein paar Handgranaten unter dem Gemüse versteckt hält.

Niemand kennt die Zahl der Soldaten, die im Quartier oder am Brunnen im Dorf umgebracht worden sind. Manche Leute schätzen, daß in Hanoi, der Hauptstadt des Nordens am Rande des Deltas, zwei Divisionen unbekannter Vietminh-Soldaten und Guerillas als Zivilisten verkleidet stecken. Fast immer sind, ehe noch ein Angriff auf einen Ort beginnt, längst feindliche Partisanen innerhalb seiner Mauern.

Und auf dem Lande – schließlich gibt es ja nur im Delta zwei große Städte: Hanoi und Haiphong – verwandeln sich des Nachts oft alle Zivilisten, einschließlich der Frauen, in Kriegsteilnehmer. Sie kämpfen dann nicht nur gegen die französische Armee, sondern überfallen auch jene Dörfer, die noch nicht kommunistisch organisiert sind.

Als wir in Nam Dinh landeten, warteten zwei Verwundete auf den Abtransport. Die Sitze wurden herausgenommen, die beiden Tragbahren hereingeschoben, und dann stieg unser kleiner, schwankender Vogel wieder auf.

Gleich neben dem brachen Feld, das als Startplatz diente, liegt der Friedhof. Man sah ihm an, daß immer neue Reihen zu den alten Gräbern gekommen sind und daß er ursprünglich nicht so groß gedacht war, denn Nam Dinh ist eine kleine Stadt. Vor dem Krieg, also 1945, gab es hier 30 000 Einwohner, heute sind es mit Flüchtlingen 80 000. Eine kleine Stadt und acht Jahre Krieg! Welch trostloser Eindruck.

In der ehemaligen *Banque d'Indochine* ist der *Étatmajor* untergebracht. Zwei traurige Gestalten – jeder hat vier total verschlissene Hemden übereinander an, denn es ist sehr kalt – fegten gerade Zigarettenstummel, Aktenstaub und Mörtel zusammen. Alle Räume sind beschädigt und dreckig. In der Stadt liegt überall Stacheldraht, neuer und uralter, auf dem der Schmutz, der während vieler Regenzeiten hochspritzte, sich in Krusten abgesetzt hat.

Die Menschen hier oben sind schweigsam und ernst. Ich habe niemand lachen sehen, außer dem deutschen Legionär, der sein drittes Jahr abdient. Er lachte, als ich ihn fragte, ob er noch Verbindung mit seiner Familie in Nürnberg habe: »Wozu?« sagte er. »Ich habe meiner Mutter vor zwei Jahren zum letztenmal geschrieben.«

Der Kommandant, der ein Pflaster über einem frischen Streifschuß am Kopf trägt, sagte: »Wie lange das so weitergehen kann? Das kann noch Jahre so weitergehen. Ob dieser Krieg überhaupt militärisch beendet werden kann, das ist noch sehr fraglich.«

»Aber für eine politische Beendigung zeichnet sich doch auch gar keine Möglichkeit ab; was würde beispielsweise ein Waffenstillstand, ein *ceasefire* à la Korea hier in Vietnam bedeuten?«

»Sehr einfach: das wäre das Ende von Vietnam. Da kann die vietnamesische Delegation, die jetzt in Paris über die *indépendance* verhandelt, ihre Bemühungen gleich abbrechen, denn wenn sie heute die Unabhängigkeit in Paris zugestanden bekommt, würde sie sie bei einem Waffenstillstand bereits am nächsten Morgen wieder an Ho Chi Minh verlieren.«

Übrigens hatte der Gouverneur du Nord-Vietnam, der höchste Verwaltungsbeamte in Tonking, mir tags zuvor genau das gleiche gesagt. In dieser Beziehung sind sich also die Franzosen und Vietnamesen vollkommen einig. Wie sollte auch ein Waffenstillstand möglich sein, wenn es keine Fronten gibt? Überall sind die Kommunisten eingesickert. Für sie wäre der Frieden die sehr viel bessere, weit schnellere und billigere Lösung. Darum hat Ho Chi Minh auch vor einigen Monaten seine Bereitschaft, einen Waffenstillstand abzuschließen, geäußert.

Mittlerweile waren wir – der Kommandant führte mich freundlicherweise herum – an die Peripherie des Ortes gelangt und standen vor einem Haus, das mit Sandsäcken, Stacheldraht und Zement in eine Art Bunker verwandelt worden war. Ein paar tunesische und marokkanische Soldaten, deren zerschlissenen Uniformen man ansah, wie lange der Krieg schon dauert, waren damit beschäftigt, den provisorischen Bunker wieder in Ordnung zu bringen.

Vor einigen Tagen hatten die Guerillas sich nachts herangeschlichen – hundertfünfzig Mann –, und es hatte einen erbitterten Kampf mit Maschinenpistolen und Handgranaten gegeben. Auch einige Zivilisten, die in den Bretterbuden nebenan wohnten, sind diesem Gefecht zum Opfer gefallen und fünfzehn der Angreifer. In dem Vorfeld des »Bunkers« war ein großer, frisch aufgeworfener Hügel zu sehen.

Vom Bunker aus sah man, so weit das Auge reichte, Reisfelder und Dörfer. Ich sagte dem Kommandanten, ich würde gern einmal zu jenem Dorf da drüben gehen, nur zwei Kilometer entfernt … Er schlug die Hände über dem Kopf zusammen: »Um Gottes willen, Sie können in keines dieser Dörfer gehen, da sind überall Kommunisten.«

Und da sagen die Franzosen immer: »Wir haben das Delta …«, plötzlich wird mir deutlich, was Waffenstillstand wohl bedeuten würde.

Um 20.30 Uhr ist *curfew* in Nam Dinh. Auch mein altertümliches Hôtel Moderne verrammelt Türen und Fenster. In der Ferne beginnt das Artilleriefeuer. Und später in der Nacht wird überall geschossen: nah, ganz nah und fern…

April 1954

Bei König Bhumibol und Königin Sirikit

Ich wollte von Thailand aus nach Burma fliegen, hatte gerade in Bangkok im Reisebüro für den nächsten Tag einen Flug nach Rangun gebucht, was schwierig genug war, als mich eine Nachricht erreichte, die alles wieder umwarf. Der König und die Königin planen, so hieß es, eine Fahrt zu den *Hill tribes*, den Bergstämmen. Im Hubschrauber sei ein Platz für mich frei, sofern ich Interesse hätte.

Seit Jahren war ich immer wieder einmal nach Bangkok gekommen, aber nie hatte ich den unzugänglichen, gebirgigen, urwaldbestandenen Norden kennengelernt, wo die Bergstämme leben und wo es nur Fußpfade, aber keine Straßen gibt – ein Gebiet also, das anders als mit dem Helikopter kaum zu erreichen ist. Was für eine Chance eröffnete sich da! Ich eilte zurück zum Reisebüro und buchte für ein späteres Datum den Platz nach Chieng Mai.

Chieng Mai ist eine reizvolle Stadt mit vielen buddhistischen Tempeln und leider nur noch wenigen der schönen alten Holzhäuser; sie werden allmählich eins nach dem anderen durch die üblichen Zementblöcke ersetzt. Der Ort liegt etwa 700 Kilometer nördlich von Bangkok im Vorfeld der Berge, die den letzten Ausläufer des Himalaja bilden. Von dort ist es eine knappe halbe Autostunde auf einer erstklassigen Straße, die bis zu dem Winterpalast des Königs führt, der von 1 200 Meter Höhe auf Chieng Mai herunterblickt.

Die *Hill tribes* sind Stämme sino-tibetischen Ursprungs, die zumeist aus dem Norden, aus Yünan, eingewandert sind, einige erst während der letzten hundert Jahre. Es ist eine Bevölkerungsgruppe von rund 300 000 Menschen, die sich auf etwa zwei Dutzend Stämme verteilen, von denen jeder seine eigene Sprache spricht. Sie haben mit den Thais nichts gemein. Gordon Young, der Sohn eines amerikanischen Missionars, der unter ihnen aufgewachsen ist und ein Buch über sie veröffentlicht hat, schildert, wie er eines Tages zusammen mit einem Thai bei einem dieser Stämme zu Gast ist. Young stellte seinen Begleiter vor. Alle blickten diesen gespannt und neugierig an. Schließlich sagte einer: »So sieht also ein Thai aus… «

Man hat diese Stämme bis in die sechziger Jahre mehr oder weniger sich selbst überlassen. Einen Zensus hat es nie gegeben, Wehrdienst kennen sie nicht, Registrierung auch nicht, Steuer- und Schulzwang erreichen sie nur sehr peripher. Sie verwalten sich sozusagen selbst.

Seit einigen Jahren kümmert man sich mehr um sie, weil sich herausgestellt hat, daß einige von ihnen – vor allem die Meos – von Kommunisten geschult, zu Guerillas geworden sind. Deren Anzahl ist zwar nicht groß, es sind ein paar tausend, aber sie machen der Regierung Sorge, zumal da im Nordosten von Thailand, einem sehr armen, an Laos angrenzenden Gebiet, der Aufstand unter den Bauern bereits weit um sich gegriffen hat.

Ich wußte, man würde an einem Tag nicht allzuviel sehen, aber doch einen Begriff bekommen, und so sah ich dem Unternehmen mit Spannung entgegen. Der Aufbruch im Palast glich dem frühen Morgen eines Jagdtages: überall geschäftige Eile, einige frühstücken noch, andere sammeln ihre Siebensachen zusammen, Körbe mit Getränken werden hin und her getragen.

Am nahe gelegenen Landeplatz stehen zwei Hubschrauber bereit. In »meinem« Helikopter sitzen neun Personen, die meisten auf dem Boden. Ich kenne einstweilen nur Prinz Prissidat (der Prinz möge verzeihen, ich habe seinen Namen nie geschrieben gesehen), der mir freundlicherweise im letzten Moment eine elegante englische Wolljacke borgte, sonst hätte ich sicherlich jämmerlich gefroren. Die beiden schweren Vögel lösen sich gleichzeitig vom Boden, steigen senkrecht auf und drehen dann auf nördlichen Kurs.

Wir schweben in einer Höhe von 300 Meter über unendliche Bergketten, zwischen denen schmale Täler liegen: Bergrücken, Tal, Bergrücken, Tal, Bergrücken – und überall Wald. Unter uns ist es tiefgrün, am Horizont lichtblau. Nur manchmal steigt irgendwo im Tal Rauch aus einem verborgenen Dorf auf. Dann sieht man gewöhnlich nahe dabei kleine gerodete Feldstücke – wenn sie von ganz hellem Grün sind, so hell wie Tulpenblätter, dann handelt es sich um Opium.

Nach etwa 45 Minuten taucht vor uns ein kleiner, brauner Fleck auf, auf dem sich viel buntes Volk drängt. Im selben Moment schwebt neben uns, uns überholend, ein kleiner, schnittiger, weißblauer Helikopter, der als erster landet. »Das ist der König«, sagt Prinz Prissidat. Wir kreisen, und als wir schließlich gelandet sind und durch einen hölzernen Triumphbogen, der mit Fähnchen geschmückt ist, auf einen kleinen Platz treten, ist gerade der Begrüßungsgesang beendet.

Ungezählte Kinder aller Größen, auffallend ordentlich angezogen, nehmen Bonbons und kleine Geschenke aus der Hand der Königin entgegen. König Bhumibol spricht lange mit einem jungen Burschen, der in betont bescheidener Haltung vor ihm steht und mit gesenkten Augen Auskunft erteilt. Ein merkwürdig großer, sehr bestimmt wirkender Mann eilt elastischen Schrittes hin und her, gibt Befehle, sorgt für Ordnung.

In Sichtweite befindet sich ein ziemlich neues Holzhaus, in dem augenblicklich der vom König mitgebrachte Arzt einige Kranke untersucht. Über dem Eingang prangen ein paar große chinesische Schriftzeichen auf rotem Grund – es ist eine Schule. Ich hatte mir alles ganz anders vorgestellt, nicht so ordentlich und diszipliniert. Allmählich, nach vielen Fragen, wird mir auch klar, warum: Wir sind – wenige Kilomter von der burmesischen Grenze entfernt – gar nicht bei einem Bergstamm, sondern bei den Resten der Nationalchinesischen Armee, der Kuomintang – KMT, wie sie kurzerhand genannt werden.

Diese alten Kämpfer Tschiang Kai-scheks, Angehörige der 93. Division, die 1949 aus Yünan herausgedrängt wurden, hatten sich damals vorwiegend in Burma festgesetzt und sich dort in die Kämpfe der Stämme gegen die Regierung in Rangun eingemischt.

Als 1961 ein nationalchinesisches Flugzeug, das ihnen Nachschub brachte, von burmesischen Jagdfliegern abgeschossen wurde und auf Thai-Gebiet abstürzte, ein zweites über einem Außenposten der KMT, der inzwischen von der burmesischen Armee eingenommen worden war, Waffen abwarf, gab es viel Aufsehen. Die Amerikaner fürchteten, die KMT könnten aus Burma heraus über Thailand nach Laos abgedrängt und Peking dadurch zur Intervention veranlaßt werden, darum packten sie kurzerhand etwa die Hälfte von ihnen in Flugzeuge und flogen sie nach Formosa. Der Rest blieb in den Bergen von Burma und Thailand und beschäftigt sich seither mit Opiumschmuggel. Niemand kennt ihre Zahl. In Thailand, so schätzt man, sind es heute etwa 5 000.

Dreiviertel des Weltverbrauchs an Opium kommt aus dieser Weltgegend, aus Thailand und Laos, das Gros aus Burma. Über die Menge gehen die Ansichten sehr auseinander; jährlich 1 000 Tonnen Grundstoff, der zu Heroin und Morphium raffiniert wird, ist eine mittlere Angabe.

Produktion, Handel und Konsum sind auch in Thailand verboten, aber ein solches Verbot läßt sich nicht erzwingen. Dafür gibt es zu viele Interessierte: die *Hill tribes* und die Bauern, für die dieses leichttransportable, gewinnbringende Produkt unersetzlich ist; die Privatarmeen in Burma, die sich dadurch finanzieren, daß sie den Bauern »Opiumsteuern« abpressen; die Kuomintang, die sich den Schutz der Transporte bezahlen läßt; Polizei, private Luftlinien, laotische Generäle. Zu viele leben von diesem Geschäft.

Ich sollte übrigens an diesem Tage doch noch einen Bergstamm zu sehen bekommen: die *Black Musor – black* wegen ihrer schwarzen Tracht. Der Besuch bei den Chinesen war beendet, man brach auf – diesmal zu Fuß. Ein langer Zug formierte sich; vorneweg der König und ein paar Soldaten mit Maschinenpistolen, die, als Mittagsrast gemacht wurde – die vier Himmelsrichtungen sichernd –, Aufstellung nahmen, dann der Gouverneur der Provinz, der beleibte Chef der Sicherheit, der allerdings im Laufe des Marsches immer mehr nach hinten fiel, Königin Sirikit, verschiedene Potentaten und Funktionäre und ein Teil der Kuomintang, der sich uns anschloß. Es ging bergauf, bergab auf 1 500 Meter Höhe, die Sonne schien heiß, der König schritt kräftig aus. Die Frau des Prinzen Prissidat, die offenbar Kummer gewöhnt ist, seufzte: »Gott sei Dank, diesmal bleiben sie wenigstens manchmal stehen!«

Der König bleibt immer wieder stehen, um Obstpflanzungen und andere landwirtschaftliche Versuche zu betrachten und mit dem Dorfältesten darüber zu diskutieren. Ich stelle im Laufe des Tages fest, daß er der einzige ist, der die Probleme dieser Gegend wirklich kennt und sich für die Menschen interessiert.

»Es gibt zwei Aufgaben«, sagt er. »Man muß die nomadisierenden *Hill tribes* an feste Plätze gewöhnen, damit sie nicht nach und nach den ganzen Waldbestand abbrennen, und man muß versuchen, einen Ersatz für Opium zu finden, der auch leicht zu transportieren ist und ihnen ausreichenden Ertrag bringt – sie haben ja ohnehin wenig zum Leben.«

Der König vertritt die einleuchtende Meinung, daß man jahrhundertealte Gebräuche nicht einfach durch ein Verbot ausrotten kann (das Verbot, Opium zu produzieren, stammt von Marschall Sarit aus dem Jahre 1958). Wichtiger ist es, so meint er, die Bergvölker nach und nach an den Anbau anderer Früchte zu gewöhnen. So sahen wir denn überall neben unserem Fußpfad am Berghang Gemüse, Obstbäume und sogar Kartoffeln wachsen, manchmal mitten im Mohnfeld. Überrascht war ich nur, als die Majestäten sich plötzlich in ein blühendes Mohnfeld setzten und dort von allen Seiten photographiert wurden.

Nach zwei Stunden strammen Fußmarsches weitet sich das Tal unter uns, der Fußweg führt steil bergab, und unten sieht man viele Leute geschäftig hantieren. Überall auf dem Boden liegen Blätter ausgebreitet, auf denen allerlei Speisen und Früchte dargeboten werden – immer sechs Personen sitzen um einen solchen »gedeckten Tisch«. Nur ein alter Chinese mit glattrasiertem Schädel, auf dem nur hinten ein Büschel langer Haare wächst, sitzt ganz für sich allein; er ist offenbar eine besonders würdige Persönlichkeit. Einen wirklichen Tisch auf vier Beinen und drei Hocker darum herum – das Ganze aus Bambus gefertigt – gibt es auch; an ihm sitzen der König und die Königin, die mir als dem Gast den dritten Stuhl zugewiesen haben.

Der König, sein *walkie-talkie* neben sich, in das er abwechselnd hineinhorcht und hineinspricht und von dem er offenbar unzertrennlich ist, scheint sehr befriedigt, daß die Chinesen dieses Festmahl zu seinen Ehren ausgerichtet haben. Er ist sehr darauf bedacht, diesen »verlorenen Haufen« allmählich zu integrieren: »Im vorigen Jahr lief der kommandierende Chef des Ganzen noch in Uniform herum, ich bin froh, daß er das nun nicht mehr tut.« Dieses Festessen, meint er, sei der Dank dafür, daß er, der König, im vergangenen Jahr die schwerkranke Frau des Kommandeurs, der jetzt rund und rosig vor uns sitzt, zwei Monate im Krankenhaus untergebracht hatte.

Plötzlich steht eine junge Chinesin auf und trägt ein Lied vor: Eine der Prinzessinnen muß sich revanchieren, auch sie gibt etwas zum besten. Und dann hakt Prinz Prissidat den würdigen Alten unter und führt unter großem Gelächter aller Beteiligten einen merkwürdig grotesken Tanz auf. Solche Darbietungen sind sehr beliebt; niemand ziert sich dabei. Am Abend nach dem Essen im Palast erhebt sich ziemlich unvermittelt ein General der Grenzpolizei und krächzt ein Lied, was wiederum Stürme der Heiterkeit auslöst.

Aber noch ist der Abend nicht hereingebrochen. Zunächst geht die Wanderung weiter. Als wir bei den *Black Musor* ankommen, wird der Unterschied zu den Kuomintang sehr deutlich. Alles ist viel primitiver; im Typ erinnern sie an die Indianer Nordamerikas. Auf dem Dorfplatz beginnt sogleich eine Tanzvorführung: Die Männer, in Reihen zu viert untergehakt, stampfen dröhnend und Staub aufwirbelnd in dumpfem Zweitakt im Kreis, während sich in dessen Zentrum drei prächtig gekleidete Damen drehen.

In diesem Dorf gibt es ein paar »Landsleute«: ein Dutzend Schafe, die die Bundesregierung dem König geschenkt hat und mit deren Hilfe der Stamm daran gewöhnt werden soll, nicht nur Schweine und Hühner zu halten, sondern sich mit Tierzucht zu beschäftigen.

Am Ende der Reise, wieder in Bangkok angelangt, starrt der Portier im Hotel mich plötzlich ganz entgeistert an, holt eine Zeitung hervor, auf deren erster Seite unser »Frühstück im Freien« zu sehen ist, und fragt erwartungsvoll: »Sind Sie das etwa?«

Kaum hatte sich diese Tatsache herumgesprochen, kamen die Mädchen und Boys zusammengelaufen: »Wie gefällt Ihnen unsere Königin?« – »Was hat der König gesagt?« – »Haben Sie schon je eine so schöne Königin gesehen?« Alle betrachteten liebevoll das Bild. Ein wenig Glanz fiel auf diese Weise auch auf mich.

Januar 1972

Europa

In Polen wurden aus Romantikern Pragmatiker

Von 1945 bis 1962, das sind siebzehn Jahre – ein halbes Menschenleben. Nach siebzehn Jahren also zum erstenmal wieder unter östlichem Himmel: große, alte Alleen, Kopfsteinpflaster in den Dörfern, Sonnenblumen in den Vorgärten der hellgetünchten Häuser, Pferdeäpfel auf allen Straßen, Scharen von schneeweißen Gänsen auf den Stoppelfeldern. Das ist der Osten. Seit Jahren sah ich nicht so viele Pferdefuhrwerke und so wenig Autos.

Das eigentliche »Vaterland« ist wohl doch durch die Landschaft und nicht, wie es heißt, durch die Nation verkörpert. Alle diese östlichen Landstraßen von Posen bis Warschau und vom Rand der Masurischen Seen im Norden bis hin zu den bewaldeten Hügeln der Karpaten sind mir unendlich vertraut. Aber die Menschen, werden sie es auch sein?

Ich kannte quälende Gespräche mit polnischen Bürgern, welche die Bundesrepublik bereisen: Noch keine zehn Minuten, und man ist unweigerlich bei dem Thema »Globke«, »Reinefarth«, »Oberländer« und »Nazigenerale«, und dann folgt automatisch die Diskussion über die Grenze, die wiederum das Thema Revisionismus auslöst. Aber diesmal hatte ich mich ganz umsonst gewappnet. Vielleicht, weil alle jene Themen inzwischen überlagert worden sind von der einen Sorge, die durch das Stichwort »Atomwaffen« und »deutscher Finger am Drücker« gekennzeichnet wird. Diesen Sorgen begegne ich hier auf Schritt und Tritt, gleichgültig, ob das Gespräch mit Professoren, Ministern, Journalisten oder irgendeinem zufälligen Passanten geführt wird. Vielleicht aber wurden mir jene alten Themen auch deshalb erspart, weil die Polen bei sich daheim das gastlichste, ritterlichste Volk der Welt sind. Nie wird man angesprochen auf das, was in der Hitlerzeit hier angerichtet wurde. Aber wenn man nach der Ausbildung, der Studienzeit, der Heimatstadt fragt, dann stellt sich heraus, daß wirklich jeder Pole sein Schicksal hat.

Gerade heute, da ich diese Zeilen schreibe, führte mich ein Angestellter der Lenin-Hütte, Akademiker und Mitglied des Arbeiterrats, durch das riesige Kombinat Nowa Huta; den ganzen Vormittag hatten wir Hochöfen, Walzstraßen, soziale Einrichtungen besichtigt, dann stellte sich gesprächsweise heraus, daß er vier Jahre in einem KZ zugebracht hatte. Seine Frau befand sich währenddessen in einem anderen Lager; der Schwiegervater ist in Auschwitz umgekommen, der Bruder von der SS erschossen worden: »Aber meine Frau und ich haben uns wiedergefunden, und nun ist alles schon lange her ...«

Ich besuchte einen Professor in Warschau. Als ich mich bei seiner Frau für den »Überfall« – es wurde wie immer sogleich Kaffee aufgetragen – wortreich entschuldigte und sie mich nicht recht verstand, sagte er: »Meine Frau spricht nicht gut Deutsch, sie hat es nur im Lager in Auschwitz gelernt.« Und da sah ich auch schon die eintätowierte Lagernummer auf dem linken Arm der schönen, eigentümlich strahlend wirkenden Frau – sie muß damals ganz jung gewesen sein.

Ich aß mit einem jungen Journalisten: »... nein, ich habe nur das Untergrundabitur.« Während der Besatzungszeit waren nämlich alle höheren Schulen geschlossen, denn die Polen sollten ja auf den Stand eines primitiven Volkes zurückentwickelt werden. Da bildeten die Polen ihre Jugend heimlich in Kellern und Privathäusern aus.

Ich ging mit einem Schriftsteller durch Warschau: »Sehen Sie, dort in jener Kirche lag ich vierzehn Tage verwundet während des Warschauer Aufstandes.« Bei einem solchen Gang durch Warschau kommt man aus dem Schaudern nicht heraus. Der »Führerbefehl« nach dem Warschauer Aufstand im Herbst 1944 hatte gelautet, die Stadt dem Erdboden gleichzumachen. Und die SS hatte es an Gründlichkeit nicht fehlen lassen. Als sie abzog, lebten nur noch zweitausend Menschen in den Höhlen und Trümmern dieser einstigen Millionenstadt.

An mehreren Stellen Warschaus sind heute große Schaukästen mit Photographien aufgestellt. Man sieht auf ihnen riesige Schutthalden, Gebirge von Trümmern, Schluchten, die einst Straßen waren, ganz selten einmal einen Turm oder ein Haus, das stehenblieb und beim Vergleich mit der neuerstandenen Szenerie der Orientierung dient. Der Wiederaufbau der alten Hauptstadt ist nach Stichen und Gemälden von Canaletto vor sich gegangen, der einzigen Vorlage, die erhalten geblieben war. Unvorstellbar die Kosten, die der Neubau im alten Stil – Renaissance, Barock, Empire – verursacht hat. »Das hat den industriellen Aufbau des Landes um zwei Jahre verzögert«, sagte Außenminister Rapacki, und er setzte hinzu: »Sie müssen verstehen, es ist wichtig, das Geschichtsbewußtsein des Volkes wachzuhalten.«

Das ist aber auch die einzige Konzession, der einzige Tribut, den das neue Polen der romantischen Tradition zollt. In allen anderen Bereichen herrscht ein erstaunlicher Pragmatismus. Man staunt über die politische Klugheit, mit der dieses Land, das jahrhundertelang in Gefahr war, zwischen den östlichen und den westlichen Nachbarn zerrieben zu werden, sich außenpolitisch arrangiert und auch innenpolitisch jede Akkumulation von Druck vermeidet.

In den öffentlichen Lesehallen der Städte kann man amerikanische, englische, französische und westdeutsche Zeitungen lesen. Zwei wichtige Buchhandlungen vertreiben ausschließlich internationale Literatur – die eine wissenschaftliche, die andere belletristische Werke. Jedermann redet, wie ihm der Schnabel gewachsen ist: schimpft, glossiert, spottet – Angst vor Denunziation gibt es offenbar nicht. Theater, Zeitschriften, Diskussionen sind erstaunlich frei und von hohem intellektuellem Niveau.

Bei der Pflege des »Geschichtsbewußtseins«, von dem der Minister sprach, wird es allerdings mit der Geschichte, jedenfalls der »polnischen Westgebiete«, also der alten deutschen Ostgebiete, nicht sehr genau genommen. In der Schrift »Polen – Zahlen und Fakten«, die das Außenministerium verteilt, steht auf Seite 17: »... waren die Westgebiete unter deutscher Herrschaft größtenteils von bodenständiger polnischer Bevölkerung bewohnt, die zur Zeit des Ausbruchs des Zweiten Weltkrieges etwa 1,3 Millionen Menschen zählte.« Das Außenministerium weiß sehr wohl, daß die Behauptung, »größtenteils von bodenständiger polnischer Bevölkerung bewohnt«, eine glatte Lüge ist. Aber es läßt zu, daß dieser Schwindel in die internationale Berichterstattung eingeht. So hatte beispielsweise der Londoner *Observer* vor kurzem diese These gutgläubig übernommen.

Staat und Kirche Polens bestehen beide auf ihrem Totalitätsanspruch dem Menschen gegenüber. Aber die Machtverhältnisse sind so, daß beide genau wissen: Alles würde zusammenbrechen, wenn einer von beiden versuchen wollte, den anderen von der Bühne zu verdrängen. Nicht, daß die Kirche materielle Macht hätte! Aber sie besitzt die Loyalität des Volkes, und das hält der Macht des Staates die Waage, da die Regierung diesem Umstand nun einmal Rechnung tragen muß.

Auch mit den Bauern hat der Staat es schwer. Diese sind konservativ und finden, daß der Kommunismus vielleicht für die Städter tauge, keinesfalls aber für sie selber. Es war leicht, die Bauern gegen den Großgrundbesitz zu mobilisieren, aber sehr schwer, sie für das »vergesellschaftete« Eigentum zu erwärmen. Da der Bauer aber einstweilen noch ein sehr wesentliches Element des Staates darstellt, läßt man ihm seinen Willen und hofft auf den Säkularisierungsprozeß, der sich im Zuge der Industrialisierung zwangsläufig einstellen werde: polnischer Pragmatismus. Im Landwirtschaftsministerium sagte man mir, daß nur 1,2 % der landwirtschaftlichen Nutzfläche, das sind 1800 Betriebe, in Kolchosen zusammengefaßt seien. Vor 1956 waren es 13 %.

Die Majorität der Polen hat sich ganz offensichtlich mit dem Regime abgefunden. Ja, sie würden es wahrscheinlich sogar preisen, wenn es dem System gelänge, den Lebensstandard der Bevölkerung zu heben. Hier liegt die eigentliche Anfechtung. Ich habe niemanden darüber klagen hören, daß man in Polen nicht genug Freiheit hätte. Wohl aber stellte jedermann, gleichgültig welcher Kategorie – der eine klagend, der andere gleichgültig oder auch resigniert –, fest, daß er sehr wenig, allzu wenig verdiene und für diesen Verdienst sehr wenig und meist nur Waren ungenügender Qualität kaufen könne. Und in der Tat sind beispielsweise Textilien und Schuhe, die dreimal so teuer sind wie bei uns, in der Qualität etwa so beschaffen wie die unseren im Jahre 1949.

Wahrscheinlich wäre eine große Verbitterung unvermeidlich, wenn die Bevölkerung nicht gleichzeitig eine gewisse Dankbarkeit empfände gegenüber einer Regierung, die es fertigbrachte, Polen nach 1956 eine verhältnismäßig große Unabhängigkeit innerhalb des Ostblocks zu sichern. Ein Pole, mit dem ich ein langes

Gespräch über die Beziehungen zu Moskau hatte, sagte gedankenversunken: »Die armen Tschechen…« »Wieso die armen Tschechen? Die haben es doch viel leichter mit ihrer Schwerindustrie als Sie.« »Ich will Ihnen eine Geschichte erzählen. Auf einer einsamen Insel strandet ein Schiff. Die Überlebenden sind zwei Männer und eine Frau. Es erhebt sich die komplizierte Frage der Dreiecksbeziehung. Wenn es Deutsche sind, kämpfen beide Männer so lange, bis einer Sieger bleibt, den der andere dann respektiert. Wenn es Spanier sind, kämpfen sie so lange, bis einer draufgeht und dem anderen die Frau bleibt. Wenn es Engländer sind, machen sie ein *gentlemen's-agreement:* jeder bekommt die Frau jeweils vierzehn Tage. Wenn es Russen sind, fallen alle drei in tiefe Melancholie. Und wenn es Tschechen sind, dann basteln die drei aus den Schiffstrümmern einen Sender zurecht und morsen nach Prag, die möchten bitte schön in Moskau anfragen, was in dieser Situation zu tun sei.«

Thema Nummer eins ist augenblicklich das Stichwort Atomwaffen und deutsch-französische Allianz. Mit dem politischen Chef der *Trybuna Ludu* hatte ich folgende Unterhaltung, die sich weniger präzis in vielen Abwandlungen fast täglich mit anderen Gesprächspartnern wiederholte.

»Sie müssen verstehen! Wir haben wirklich Angst vor der Bundesrepublik. Erst hieß es, die Deutschen würden entmilitarisiert. Dann stellte Bonn 300 000 Mann auf; jetzt hat Strauß 500 000 zugesagt, und für die Zukunft ist schon von 700 000 die Rede.«

»Ja, aber unsere Divisionen sind doch in die Nato integriert, da kann doch gar nichts passieren: Die Amerikaner wollen genausowenig den Krieg wie die Russen.«

»Integriert? Sie sehen doch: Seit mehr als einem Jahr wird davon geredet, man müsse von Amerika unabhängig werden, man müsse Handlungsfreiheit haben. De

Gaulle hat damit angefangen, und Strauß hat dieses Motiv eifrig aufgegriffen. Noch sagt er Europa, aber schon meint er Deutschland.«

»Aber Sie können sicher sein, daß die Amerikaner das Monopol nicht aus der Hand geben werden.«

»Dann werden eben die Franzosen und die Deutschen sich zusammentun. Die Deutschen geben das Geld, und die Franzosen produzieren. Sie sehen es ja, de Gaulle hat bei seinem Besuch in der Bundesrepublik die Allianz schon vorgeschlagen.«

»Aber die Produktion vor allem der Trägerwaffen ist doch viel zu teuer! Das können auch beide Länder zusammen sich gar nicht leisten. Verglichen mit Rußland und Amerika sind wir doch nur wie Hornissen, die einen Elefanten bedrohen.«

»Alle Produktion fing teuer an, aber war nach ein paar Jahren erschwinglich für jedermann – nicht nur das Auto. Überdies ist die Gefahr, daß die Deutschen, die im Schatten der Allianz aufgerüstet wurden, sich plötzlich als Potential verselbständigen, sehr real. Bonn will es zwar nicht sehen, aber eines Tages werden die Russen und die Amerikaner sich einigen. Das ist einfach unvermeidbar, und zwar auf Kosten der Deutschen. Und dann werden die Deutschen ›Verrat‹ schreien. Und dann dauert es nicht lange, und es gibt in Deutschland eine radikale nationalistische Bewegung, die, wenn das Land auch noch über Atombomben verfügt, die ganze Welt unter Druck setzen kann.«

»Sagen Sie: Was ist eigentlich wichtiger für die Normalisierung der Beziehungen Bonn–Warschau: die Grenzanerkennung oder der Atomverzicht?«

September 1962

Wiedersehen mit dem alten Europa: Auf der sogenannten Kleinseite Prags, jenseits der Moldau, war die Zeit stehengeblieben. Nichts war zerstört, und nichts ist hinzugekommen. Kopfsteinpflaster, alte Treppenstufen, schmale Gassen, eine schöner als die andere.

Ich saß an einem herbstlichen Abend oben am Hradschin. Vor mir die Burg, rechts das Renaissance-Palais der Schwarzenbergs, links das ehemalige erzbischöfliche Palais und dann ein herrliches Haus neben dem anderen: eine Häuserfront, wie man sie in Europa so unversehrt und einheitlich sonst nirgendwo mehr findet.

Prag und Budapest

Prag war immer, neben Rom und Paris, eine der drei schönsten Städte Europas. Heute mag es auf den ersten Blick neben den beiden glanzvollen Schwestern wie ein Aschenputtel wirken, und doch besitzt es einen Zauber eigener Art. Das einst »goldene Prag« ist recht heruntergekommen: Überall fällt der Putz von den Wänden, und das Straßenpflaster bricht auf. Viel stärker aber als dieses etwas desolate Bild prägt sich das Gefühl ein, wieder im alten Europa zu sein. Hier findet man es wieder, das alte Europa, das uns im Westen nach und nach, schrittweise und kaum merklich durch die Entwicklung genommen wurde – jeder Schritt als »Fortschritt« freudig begrüßt.

Im alten Prag, jenseits der Moldau, auf der sogenannten Kleinseite, ist die Zeit stehengeblieben. Nichts wurde zerstört, und nichts ist hinzugekommen. Kopfsteinpflaster, alte Treppenstufen, schmale Gassen, eine immer schöner als die andere: Barock, Rokoko, Klassizismus – kein Haus später als 1830. Und hoch über der Stadt und der strengen Burg türmt sich alles überragend der gotische Sankt-Veits-Dom.

In den Straßen nur wenige Autos, kein Benzingeruch, kein Neonlicht, keine Cafés mit Lautsprechern und Musikbox. Für Unterhaltung und Bequemlichkeit, von Luxus gar nicht zu reden, ist nicht gesorgt. Nur Bänke gibt es allenthalben. Noch nie sah ich in irgendeiner Stadt so viele Bänke – sie stellen offenbar die einzige Konzession dar, die dem modernen Bedürfnis nach

Komfort gemacht wird. Da sitzen nun die Leute und sehen zu, wie die ersten herbstlichen Blätter fallen: Liebespaare, junge Burschen, ein paar Fremde. Und unten verdämmert goldbraun unter einem perlmuttfarbenen Himmel das abendliche Prag.

Auch ich saß an einem solchen Abend oben am Hradschin. Vor mir die Burg, rechts das Renaissancepalais der Schwarzenbergs, links das ehemalige erzbischöfliche Palais und dann ein herrliches Haus neben dem anderen: eine Häuserfront, wie man sie in Europa so unversehrt und einheitlich irgendwo mehr findet.

Es ist schön, einmal fern unserer hektischen Welt zu sein, in der die Konsumschraube jedes Jahr um einige Umdrehungen weiter geschraubt wird, so daß alles sich immer rascher drehen und wenden muß, um mitzukommen. Es ist schön, wieder einmal in der stilleren, bescheideneren Welt des alten Europa zu sein.

Während ich solchen Gedanken nachhing, betrat plötzlich eine junge Frau den inzwischen dämmrigen Platz, der wie eine große Bühne wirkte. Sie trug einen langen Stock in der Hand, und wenn immer sie mit ihm eine der hohen alten Lampen berührte, flammte ein warmes, gelbes Licht auf. Sie ging auf der einen Seite den Platz hinauf, auf der anderen wieder herunter, immer von neuem den Stab hebend, bis schließlich der ganze Platz erleuchtet war. Endlich begriff ich, was dort vorging: Sie zündete die Gaslaternen an, eine nach der anderen. Wie im alten Wien.

Ob es irgendwo in der Welt einen zweiten Platz gibt, der heute noch genauso aussieht wie zu Goethes Zeiten? Einen Platz, der baulich nicht verändert wurde, auf dem keine Autos parken, der noch mit Gaslampen beleuchtet wird?

Übrigens war im Strahov – einem alten Kloster aus dem 12. Jahrhundert ein Stückchen oberhalb jenes Platzes – gerade eine Ausstellung »Goethe und Böhmen« zu sehen, die von Weimar und Prag gemeinsam zusammengestellt wurde. Manuskripte, Briefe, Zeichnungen der böhmischen Landschaft und Ansichten von Karlsbad, das Goethe so oft besucht hat. Eine schöne, liebevoll zusammengestellte Ausstellung. Man war erleichtert, daß hier einmal die Erwähnung Deutschlands nicht an Heydrich und das Jahr 1938 denken ließ, sondern an Goethe und das 19. Jahrhundert.

Übrigens erfuhr man dort, daß »Iphigenie auf Tauris« schon 1822 ins Tschechische übersetzt worden ist und viele von Goethes Gedichten noch zu seinen Lebzeiten von Josef Jungmann, dem bedeutendsten tschechischen Sprach- und Literaturwissenschaftler des 19. Jahrhunderts, übertragen worden sind.

Am selben Ort gab es zur selben Zeit eine Kafka-Ausstellung. Zum erstenmal seit Bestehen des marxistischen Regimes widerfährt hier dem großen Sohn dieser Stadt eine öffentliche Ehrung. Zum erstenmal, seit er im Mai 1963 postum an seinem achtzigsten Geburtstag, nach großen Diskussionen über die Frage, ob er als »wertvoll« oder »dekadent« – also entartet – anzusehen sei, legalisiert worden ist.

Viele interessante Photographien und rührende Zeugnisse aus seinem Leben sind in der Ausstellung zusammengetragen worden. Man sieht das kleine, weißgekalkte Haus, in dem der Großvater lebte, sieht die Eltern, die in Prag ein Geschäft hatten, der Vater recht derb und ganz ungeistig, die Mutter eine sehr aristokratische Erscheinung.

Eine riesige Vergrößerung zeigt ihn selbst als jungen Menschen, elegant im engen Anzug mit Weste und hohem weißem Kragen: eine faszinierende Mischung von lächelnder Nonchalance und ungewisser Traurigkeit – ein Bild, das besser als alles andere die Welt des *fin de siècle* ausdrückt. Ich war zweimal in der Ausstellung, beide Male war sie nur von wenigen Menschen besucht. Die Delegationen aus dem Osten, vor allem aus der DDR, und Touristengruppen aus dem Westen werden von ihren in allen Sprachen radebrechenden Führern offenbar meist daran vorbeigeführt.

Ob die Sache mit dem alten Europa vielleicht nur ein Trugbild war? Ob vielleicht nur das wehmütige Wiedersehen mit dem alt gewordenen Prag solche romantischen Träume beschwört? Nein, Budapest ist genauso. Budapest ist heiterer, eleganter, westlicher als Prag. Das Vorbild der alten Bourgeoisie scheint hier wieder Trumpf zu sein. Nirgends sah ich so weiße Hemden und so blankgeputzte Schuhe. Mir fiel plötzlich ein ungarischer Magnaten-Vetter ein, der uns eines Tages in Ostpreußen besuchte und zu unserem größten Erstaunen Schuhputz-Utensilien mitgebracht hatte, um eigenhändig seine Schuhe zu putzen, weil er behauptete, anderwärts verstehe sich niemand auf diese Kunst.

Man ist in Budapest noch genauso chevaleresk wie früher, nur ein wenig sachlicher, sozusagen marxistisch objektiviert. Aber bei jeder Unterhaltung, auch dort, wo es um harte ideologische Auseinandersetzungen geht, waltet das souveräne Einverständnis, daß man über alles reden kann, und jene gelassene Weltläufigkeit, die wohl ein Erbe des alten habsburgischen Reiches ist.

Das Hotel Gellert ist so erstklassig geführt wie ehedem. In dem schmalen Eßsaal des Hotels stoßen alle Welten zusammen, da sitzen die niemals reisemüden Millionärswitwen aus Amerika und am Nebentisch im Schillerkragen Genosse Ingenieur aus der Sowjetunion. Zwei Welten, die von den besten Kellnern bedient werden, die es im alten Europa je gab. Nachdem man sich einige Jahre auf sozialistische *austerity* beschränkt hatte, hat man sie zurückgeholt, um dem Westen zu zeigen, daß es auch im Osten Komfort gibt.

Immer wieder erlebe ich Momente, in denen man meint, ins alte Europa zurückversetzt zu sein. Sein Geist weht einem entgegen, wenn man die ein wenig altmodische Wohnung von Georg Lukács oder Tibor Déry betritt: die gedämpfte, kultivierte und gleichzeitig bescheidene Atmosphäre der Vorkriegswelt.

Es wird viel gelesen, viel Musik gehört, Karten für Oper oder Theater sind nicht zu bekommen. In Budapest allein gibt es vier literarische Zeitschriften (im Lande noch drei weitere). Die größte von ihnen, *Nagy Világ*, die ausländische Autoren in ungarischer Übersetzung bringt, hat eine Auflage von 20 000 Stück, die anderen drei je 10 000 – Zahlen, die den *Merkur* in München erblassen lassen können.

Im Inhaltsverzeichnis der Septembernummer von *Nagy Világ* las ich neben anderen folgende deutsche Autoren angezeigt: Günther Grass, Siegfried Lenz, ferner Lyrik der Gruppe 47. Ich blätterte das Verzeichnis der letzten sechs Jahre durch und fand alle, aber wirklich auch alle Namen, die in Westeuropa, vor allem in Deutschland, der Schweiz, Frankreich und Italien, eine Rolle spielen. Das Werk Dürrenmatts, von der »Alten Dame« bis zu den »Physikern« hat *Nagy Világ* nach und nach in Übersetzungen gebracht. Der Wunsch, im engen Kontakt mit dem geistigen Leben des Westens zu bleiben, ist ungemein stark.

Ich sprach mit dem stellvertretenden Chefredakteur der Zeitschrift, der zugleich Lektor für den deutschen Sprachraum ist und dessen Ehrgeiz es ist, nicht nur nichts Wichtiges auszulassen – das kann ihm offenbar gar nicht passieren –, sondern auch der Neuerscheinungen so rasch wie möglich habhaft zu werden. Um ihn ein wenig neidisch zu machen, erzählte ich ihm, daß ich den eben erschienenen Roman von Max Frisch »Mein Name sei Gantenbein« für Tibor Déry mitgebracht hätte. »Oh«, sagte er und klopfte auf seine Mappe, »hier ist die Übersetzung, und in der nächsten Nummer beginnen wir mit dem Abdruck.«

Ob er Sorgen mit Papierbeschaffung, Lizenzen, Zensur habe? Nein, er hätte nur eine Sorge: daß er womöglich das neue Stück, an dem Dürrenmatt schreibe, nicht rechtzeitig – also noch in der Fahne – bekommen werde. »Wissen Sie, der Dürrenmatt antwortet einfach nicht. Könnten Sie da nicht was machen?«

Kein Zweifel, die meisten Menschen sowohl in der Tschechoslowakei wie in Ungarn blicken fasziniert nach dem Westen. Sie träumen von einem Auto, von Reisen, vom Luxus und viele auch von der Freiheit, immer und überall das sagen zu können, was sie sagen möchten. Und da fragt man sich denn manchmal etwas beschämt: Was haben wir eigentlich mit der berühmten Freiheit, die wir doch besitzen, angefangen? Gelegentlich scheint es so, als würde sie nur dazu benützt, den optimalen Verbraucher heranzuzüchten, damit das Gesetz der Massenproduktion, das den höchsten Lebensstandard garantiert, praktiziert werden könne.

Es ist merkwürdig, daß wir, die wir entschlossen waren, die Freiheit für immer zur Grundlage unserer Gesellschaft zu machen, wir, die wir Wohlstand und Luxus zunächst nur als angenehme Begleiterscheinungen unserer Auffassungen empfanden, diese nun schließlich zum Inhalt unserer Politik und zum Inbegriff der Freiheit gemacht haben.

Wenn die Bevölkerung im Osten, die sich nach mehr Freiheit sehnt, eines Tages diese Freiheit wirklich erlangen sollte, dann wird voraussichtlich keine Macht der Welt verhindern können, daß auch sie sich dem Konsumrausch ergibt und die Auflage von *Nagy Világ* wieder sinkt.

Georg Lukács sagt zwar, der wahre Kommunist sei durch Wohlstand nicht zu korrumpieren – aber ich glaube, der große alte Kommunist ist da paradoxerweise ein Opfer des von den Marxisten so verpönten Idealismus geworden.

Oktober 1964

Hinter dem Vorhang der Pyrenäen

Dies also ist das geheimnisvolle Land jenseits der Pyrenäen, der Eckpfeiler Europas, von dem im Kreise der Westeuropäer nicht gesprochen wird … Als wir am Morgen in Perpignan, dem kleinen Städtchen im Südwesten Frankreichs, aus dem Hotelfenster schauten, sahen wir in der Ferne die lange Kette der Berge, die wie ein monumentaler Eiserner Vorhang das Ende der uns vertrauten Welt markiert. Bis an den Fuß des Gebirges ziehen sich die endlosen Weinplantagen, durch die wir dann tagelang gefahren sind – nicht die terrassenförmigen Weinberge, wie man sie vom Rhein her kennt, sondern richtige Felder, auf denen die hier ganz kurz geschnittenen Stämme mit dem Pflug behäufelt werden. Wein, immer wieder Wein. Kein Getreide, keine Tiere. Nur selten ein Dorf.

Es war ein langer Weg durch Italien und Frankreich bis an die Pforte des verschlossenen Landes. San Remo, Mentone, Nizza, Monte Carlo, Cannes – die ganze versunkene Welt der Riviera, die wie eine endlose Filmkulisse an uns vorbeizog mit riesigen Hotelpalästen und vergessenen Villen in üppig wuchernden Gärten. Palmen, Agaven, Meeresrauschen, das blaue Licht südlicher Tage und Nächte, die Spielkasinos und der operettenhafte Schloßhof von Monaco – diese ganze Atmosphäre der »großen internationalen Welt« zur Zeit unserer Väter und Großväter, die heute etwas beängstigend Unwirkliches hat! Sie fristet ein seltsam anachronistisches Dasein am Rande des großen Chaos. Und dort, an der Küste des Mittelmeeres, klammert sie sich dennoch an den Kontinent, mit dessen Realität sie nichts mehr zu tun hat.

Wenn man von Norddeutschland kommt, fällt einem in den südlichen Ländern im allgemeinen nur das ihnen Gemeinsame auf, das typisch Romanische, die raschen Reaktionen der Menschen und ihre Kunst, auf heitere Weise mit dem Leben fertig zu werden, Armut und Luxus, roter Wein, weißes Brot und helle Sonne. Das Trennende wird um so deutlicher, wenn man die drei romanischen Länder nebeneinander sieht. Schon Italien und Südfrankreich sind im Charakter und Lebensrhythmus erstaunlich verschieden, und wenn man dann über die Berge, die wie eine Isolierschicht die iberische Halbinsel von Europa trennen, nach Spanien hineinfährt, beginnt eine vollkommen andere Welt.

Die Grenzrevision wurde mit großer Liebenswürdigkeit absolviert – es sei schon einmal im Juni vorigen Jahres ein deutscher Wagen hier über die Grenze gefahren, meinte einer der Zollbeamten und erweckte damit bei uns den erregenden Stolz einer Art »Zweitbesteigung«. Und wirklich hat man hier ständig das Gefühl, auf einer Entdeckungsreise in bisher unbekannte Gefilde zu sein. Ist es die Vielschichtigkeit der historischen Entwicklung oder die Nähe des Orients, der weit und tief in das Land hineingegriffen und seine Menschen deutlich spürbar beeindruckt hat? Oder ist es die Landschaft selber, die nichts mehr mit Europa gemein hat?

Unvorstellbar einsam und großartig ist das Bild des Landes in Katalonien, Aragón und Kastilien. Die 650 Kilometer von Barcelona über Saragossa nach Madrid führten fast ununterbrochen über scheinbar endlose Plateaus und Höhenzüge – rötlichbraune Felsen, graugrünes Steppengras und hin und wieder verstreutes Buschwerk. In regelmäßigen weiten Abständen steht ein einzelnes Haus am Weg. Es ist immer der gleiche Typ: niedrig, weiß gekalkt mit großer blauer Aufschrift, welche die Entfernung nach Madrid angibt, ein Straßenwärterhaus. Selten einmal eine Ortschaft; und wenn man nicht gerade mitten hindurchfährt, sieht man sie kaum, so sehr passen sich die gelbbraunen Hütten dem Gelände an. Es ist wie eine Mondlandschaft, und die Menschen, denen man in ihr begegnet, scheinen ganz verloren, wenn sie auf ihren Eseln zu den kümmerlichen Feldern reiten, die oft Stunden von den spärlich verstreuten Dörfern entfernt sind.

Häufig findet man in dieser Gegend noch die Spuren des Bürgerkrieges. Manche Kirchen und Kathedralen, die anzuschauen mein Baedeker rühmend empfiehlt, stehen sinnlos als ausgebrannte, traurige Gerippe in der Gegend – für uns kein ungewohntes Bild, und doch ist es eine andere Art von Trümmern, als wir sie kennen. Hier sind nicht mit den Errungenschaften einer dämonischen Technik die Wucherungen der modernen Zivilisation, die steinernen Großstädte, atomisiert worden, sondern wurden Stück für Stück Dörfer und Hütten, die Zuflucht der Ärmsten der Armen, vernichtet. Das ist ein seltsamer Eindruck: diese armseligen Ruinen, von denen man nicht einmal sagen kann: *Sic transit gloria mundi …*

Barcelona ist neben Madrid die einzige moderne Großstadt. Viel Industrie ist dort konzentriert, und das Ganze sieht dann doch ein wenig europäisch aus. Aber was eigentlich »europäisch« ist, wird einem offenbar erst in Spanien klar, und zwar in doppelter Weise: einmal in der Abgrenzung gegen das Orientalische, das in diesem Lande so stark zum Ausdruck kommt, und zum anderen – quasi positiv – in dem völligen Fehlen jeglicher Amerikanisierung. Offenbar hat die Nichtexistenz des Marshallplanes auch ihre positiven Seiten! Wie stark das Alltagsleben in den meisten europäischen Ländern amerikanisiert ist, wird einem jedenfalls erst hier deutlich, wo man das Echte und Bodenständige bis hinein in die Zivilisation des Alltags, von den Wohnungen über die Kleidung bis zur Speisekarte, wahrnimmt. Und was die Speisekarte betrifft, so erlebt man auch immer wieder Überraschungen: Man bestellt ein Gericht, das leidlich vertraut klingt, und bekommt einen – Tintenfisch serviert, oder man erhält Artischocken mit »Knofel«, wenn man glaubt, man würde *haricots verts* bekommen.

In Barcelona trafen wir übrigens zum erstenmal auf jene seltsamen uniformierten Individuen, die nachts um ein Straßenquadrat herumschleichen. Es sind meist alte Männer, die einen großen, einfachen Holzstock in der Hand tragen, von dem nicht ganz klar ist, ob er den Veteranen als Waffe oder Stütze dienen soll. Die Funktion dieser Gestalten wurde jedoch erst deutlich, als wir auf einem nächtlichen Entdeckungsgang plötzlich einen Herrn bemerkten, der dreimal in die Hände klatschte. Sofort beschleunigte der Veteran seine müden Schritte, eilte auf ihn zu und schloß ihm die Haustür auf; gleich darauf hörte man um die Ecke ein neues ungeduldiges Händeklatschen, und der Veteran sprang wiederum davon: Kein Wohnungsinhaber besitzt in diesem Lande den Schlüssel zu seinem Haus. Der Schlüssel wird vielmehr ausschließlich von jenen nächtlichen Türhütern verwaltet, deren Aufgabe es ist, auf dieses Zeichen aus »Tausendundeiner Nacht« zu lauschen und dann als »Sesam, öffne dich!« zu erscheinen.

Von allen nächtlichen Beobachtungen war dies die eindrucksvollste. Dabei sieht man viel bei Nacht, denn dies ist eine alltägliche Zeit. Man ißt in Spanien erst um zehn Uhr abends, die Theater beginnen um elf. Und in einer Bar, die eine keineswegs elegante Mischung von

Kabarett und *Dancing* darstellte, verbrachten wir wie geübte Spanier die Zeit bis drei Uhr, hypnotisiert von den Darbietungen, die scheinbar ausschließlich zur Freude der Akteure und ihrer im Halbdunkel an kleinen Tischen sitzenden Freunde aufgeführt wurden, Kastagnettenklang und alte Volkstänze einzelner Paare in den Trachten von Andalusien und Sevilla oder Valencia. Darbietungen, die man oft auf irgendwelchen ausländischen Bühnen mehr oder weniger blasiert sich angesehen hat, erschienen uns plötzlich als ein Teil wirklichen Lebens, echter Tanz aus Freude, Hingebung und – tragischem Schmerz; und alles dies in einer seltsamen Spannung von Sinnlichkeit und strenger jahrhundertealter Form.

Mai 1950

Brot, Wein und Olivenöl
Spanisches Tagebuch I

Offenbar muß man in diesen abseitigen Winkel Europas reisen, um festzustellen, wie stark noch immer die geistige Ausstrahlung des zerstörten und zerrissenen Deutschlands ist. Man weiß hier zwar nicht allzuviel von der politischen und ökonomischen Situation des heutigen Deutschlands, aber wenn man in Madrid in die deutsche Buchhandlung Buchholz geht, die früher in der Leipziger Straße in Berlin war, dann findet man alles, was an wissenschaftlichen und schöngeistigen Büchern in den letzten Jahren erschienen ist, in staunenswert reichhaltiger Auswahl. »Kauft denn irgend jemand hier zum Beispiel dieses Buch?« fragte ich neugierig, auf die »Holzwege« von Heidegger zeigend. »Wir können gar nicht genug philosophische Literatur heranschaffen«, antwortete die intelligente und liebenswürdige Prokuristin, »wir haben während der letzten Monate etwa vierzig Exemplare des umfangreichen Heideggerschen Buches verkauft, und zwar ausschließlich an Spanier.«

Universitätsprofessoren, vor allem aber auch junge Spanier sind es, die man am Nachmittag hier herumstöbern sieht. Ein zierlicher alter Herr fiel mir auf, mit weißen Haaren und einem großen grauseidenen Tuch, elegant und nonchalant um den Hals geschlungen; er trippelte mit kleinen emsigen Schritten von einem Tisch zum anderen und durchblätterte versonnen einige Neuerscheinungen. »Das ist Bonnard, der frühere Erziehungsminister der Vichy-Regierung, der in Frankreich zum Tode verurteilt ist.« – Es gibt aber in Madrid nicht nur ein geistiges Zentrum deutschen Ursprungs. Auch für die Materialisten ist gesorgt; sie gehen zu Horcher, der sein Restaurant von der Lutherstraße in Berlin in die spanische Hauptstadt verlegt hat.

Der riesige, strenge Bau des *Escorial,* den Philipp II. im sechzehnten Jahrhundert angelegt hat, als Residenz und gleichzeitig als letzte Ruhestätte für seinen Vater Karl V. – den einzigen Beherrscher eines Weltreiches, der je freiwillig der Macht entsagte und ins Kloster ging –, das ist Spanien! Oder mindestens einer der ganz wesentlichen Aspekte Spaniens: weltliche Residenz und gleichzeitig Kirche, Schloß und Kloster; herrisch in seinem Machtbewußtsein und zugleich alles Persönliche in Frage stellend und einem höheren Gesetz unterordnend. Unwillkürlich muß man an Potsdam denken. Diese ernste, feierliche Festung ist nicht das Symbol des glanzvollen Herrscherwillens eines Louis XIV. mit dem persönlichen Machtanspruch: *L'état c'est moi.* Hier ist das spürbar, was in protestantischer Prägung das Wesen des unverfälschten Preußentums war: Anspruch und Unterordnung zugleich, ein überspitzter Individualismus, der sich nur noch als Prinzip manifestiert – das Individuelle, das zu einer Funktion des Gesetzes geworden ist.

Spätere Generationen haben einige Arabesken und goldene Verzierungen hinzugefügt, aber die Räume Philipps II. sind noch erhalten in ihrer kargen und sparsamen Einrichtung mit der Schlafnische, die nur eine fensterartige Öffnung zu der angrenzenden Kirche aufweist, so daß man vom Bett aus auf den nahen Altar sehen kann. Etwas von dieser bezwingenden Atmosphäre ist auch heute noch in Spanien lebendig; oft fragte ich mich: Ist das, was man hier als belastend und finster empfindet, noch ein Überbleibsel des Mittelalters, oder sind wir, die wir durch das zersetzende Zeitalter der Aufklärung gegangen sind, unfähig geworden, Form und Gesetz zu ertragen?

Natürlich ist es nicht so, daß die Kirche in Spanien ohne jegliche Verwurzelung einfach autoritär regierte. Es gibt eine echte, fast noch mittelalterliche Religiosität im Volk, ein dunkles, fanatisches, christliches Bewußtsein, das ganz auf das Jenseits ausgerichtet ist. Überdies ist die Kirche der einzige Raum, in dem es so etwas wie eine Gemeinschaft gibt, die die individualistischen Spanier sonst nicht kennen. Selbst der Kommunismus, der hier stets eine anarchistische Färbung gehabt hat, wächst nicht aus dem Erlebnis und dem Willen zum Kollektiv.

Es ist ein wirklich großer Eindruck, den der Ernst und die Feierlichkeit spanischer Kirchen hinterlassen, und ich glaube, man wird immer eine geheimnisvolle Sehnsucht danach behalten. Ganz anders als in Italien, wo die Leute während des Gottesdienstes ein- und ausgehen und schwätzen und man den Eindruck hat, daß sie das Leben der Straße und des Marktes vorübergehend einmal in die Kirche verlegt haben, empfindet man in Spanien eine tiefe innere Beteiligung und einen tragischen Unterton, der für dieses Land und seine Menschen so charakteristisch ist.

Man ist im Norden des Landes immer ganz betroffen über die angeborene Würde der Spanier – niemand bleibt stehen und gafft, selbst wenn man, mit allen Anzeichen des Fremden ausgestattet, durch irgendein abgelegenes Dorf wandert. Niemals wird man gefragt: »Wo kommt ihr her?« – schwer zu sagen, ob aus Gleichgültigkeit oder Stolz. Aber schließlich ist diese natürliche Würde vielleicht auch kein Wunder bei Menschen, die von Brot, Wein und Öl leben und nicht von Kartoffeln und Schnaps oder Knödeln und Sauerkraut.

Wir sind wieder durch unendliche baumlose Hochebenen gefahren, haben Ávila gesehen, mit seinen gotischen Kirchen und der tausendjährigen Mauer, die die Stadt wie eine Festung umschließt und die den Eindruck des eingefrorenen Mittelalters erweckt, und sind jetzt in Salamanca gelandet. Man fragt sich wirklich: was hat Hannibal, der 217 v. Chr. Salamanca eroberte, in diesen einsamen Bergen gesucht? Von Karthago nach Salamanca – eine unfaßbare Vorstellung!

Überall in diesem Lande sind die Spuren der großen, weltbewegenden Ereignisse und Epochen zu finden: phönizische und griechische Siedlungen an der Küste, römische Brücken und Aquädukte überall im Lande bis hinauf zu den Pyrenäen, Zeugnisse des westgotischen Reiches während der Zeit der Völkerwanderung und über 500 Jahre arabischer Herrschaft nach dem Einbruch des Islams. Und alle haben sie irgendeinen spezifischen Zug dem Land und seinen Menschen aufgeprägt. Es gibt wohl kaum ein anderes europäisches Land, in dem seit der Antike die Kulturschichten des Mittelmeerraumes so dicht übereinander gelagert sind. Salamanca hat auch nach der Vertreibung der Araber im 13. Jahrhundert eine große Bedeutung erlangt. Neben Bologna, Oxford und Paris galt es als eine der wichtigsten Universitäten des Abendlandes. Man kann noch in der alten Universität, an der damals 7000 Studenten studierten, die Hörsäle sehen, in denen die Studenten nach arabischer Sitte auf dem Boden hockten.

Es ist ein merkwürdiges Gefühl, durch ein Land zu reisen, in dem man auf Schritt und Tritt den Zeugnissen einer vergangenen, weltweiten Bedeutung und Kultur begegnet und dessen Gegenwart sich gewissermaßen im Schmollwinkel der heutigen Welt vollzieht.

Mai 1950

Rotes Blut und schwarzes Fell
Spanisches Tagebuch II

Wir haben in Sevilla den ersten Stierkampf gesehen, und um es gleich zu sagen: es war gar nicht schön! Eigentlich hatten wir alle Mitleid mit dem armen Tier, anstatt uns um die übrigen Beteiligten zu sorgen. Es war aber auch keiner der sechs nacheinander auftretenden Stiere so, daß man ihm das Attribut »wütend« zugebilligt hätte. Eigentlich hat man eher das Gefühl, daß die Tiere mit allem Raffinement erst mühsam in den Zustand eines gewissen Zornes versetzt werden mußten und ihr dämmerndes Unterbewußtsein ihnen ständig riet, sich gar nicht erst auf die ganze Sache einzulassen. Einer machte denn auch mit großer Bravour den Versuch, seinem Schicksal durch Flucht zu entrinnen, indem er mit einem gewaltigen Sprung die zwei Meter hohe Brüstung erklomm und sich darüber wälzte – wie es zunächst schien, mitten ins Publikum; aber es stellte sich heraus, daß er in den Rundgang zwischen Arena und Publikum gefallen war, aus dem er wieder herausgeängstigt wurde, um dann erneut und ganz verstört in der Arena zu erscheinen.

Aber vielleicht sollte man nicht über Dinge reden, die man nicht versteht, und die berühmten Corridas, die Stierkämpfe, sind eine fast kultische Handlung, bei der jeder Schritt, jeder Handgriff eine bestimmte Bedeutung hat, die der Fremde nicht versteht. Ein bekannter Amateur – und man kann auf diesem Gebiet nicht Amateur werden, ohne Fachmann zu sein – hatte uns schon in Madrid gesagt, je nach dem Niveau der Beteiligten könne es entweder eine göttliche Kunst sein oder eine Schlächterei. Unser Spektakel glich zweifellos mehr einer Schlächterei.

Rein als Momentaufnahme ist das Ganze natürlich ein unglaublich erregendes Bild: der in der Sonne leuchtend-braune Sand, auf dem das schwarze Tier hin und her fegt, vibrierend vor Angst, Erschöpfung und spontaner Wut, umgaukelt von den leichtfüßigen, bunten Capeadores mit ihren grellen Mänteln und den Banderilleros, die, wie schöne gefährliche Insekten lauernd, den Ansturm des Tieres erwarten, um dann ihre bösartigen Stachel in den gesenkten Nacken des Stieres zu bohren, so daß kleine Bäche von rotem Blut über das schwarze Fell laufen. Und dann die riesige Arena, die sicherlich 8 000 Menschen faßt, die alle wie hypnotisiert im gleichen Atemzug auf jede Bewegung, jede Sekundenphase des Kampfes reagieren: stöhnen, jubeln, pfeifen, den Atem anhalten – als Laie versteht man meist gar nicht, warum, aber es wird einem klar, daß wahrscheinlich der Witz des Ganzen in der Spannung liegt, die aus der Etikette minutiös festgelegter Spielregeln und der unberechenbaren Gefahr des losgelassenen wilden Tieres erwächst. Es ist die unmittelbare Konfrontation einer überspitzten Ästhetik mit dem Abenteuer des Todes. Das Risiko aber ist nicht nur der Einsatz des Lebens, sondern die Verletzung der Form, und eben in dieser radikalen Alternative: öffentliche Schmach oder unsterblicher Ruhm – und die großen Matadore leben wirklich als unsterbliche Helden in der Erinnerung ihres Volkes – liegt wahrscheinlich das Erregendste, Faszinierende des Stierkampfes für die Spanier.

Auf dem Weg nach Süden kommt man zum erstenmal durch Gebiete mit intensiver Landwirtschaft. Man sieht alle Entwicklungsphasen und Betriebsformen nebeneinander; es gibt ganz moderne Wirtschaften neben Urformen der Technik. So findet man häufig noch den alten romanischen Pflug: einen spitzen Dorn, in einem Holzgestell befestigt. Entlang der Südküste trifft man immer wieder alte Schöpfräderanlagen, und mehrfach habe ich eine wirklich prähistorische Form des Dreschverfahrens beobachtet: auf eine zementierte oder festgestampfte Platte werden die Garben geworfen und dann ein Pferd, das besondere Schuhe an den Hufen trägt, darauf hin und her getrieben.

Getreide, Wein und Oliven bringen alle Schattierungen eines sommerlichen Grüns in das monotone Bild. Über dem Küstengebiet schwebt der süße Duft blühender Orangenkulturen, und Hunderte von Kilometern künstlich bewässerten Landes bringen Reis, Mandeln und Weizen hervor. Man kann sich im übrigen gar keine Vorstellung von der Hitze hier machen. Die Gegend um Sevilla herum ist im Sommer wahrscheinlich das heißeste Gebiet des europäischen Festlandes. In ganz Spanien sind die Schulen im Sommer während vier Monaten geschlossen und die Büros und Ministerien nur vormittags geöffnet. Das Leben wird eben weitgehend vom Klima bestimmt. Erst hier versteht man, was »Schatten« eigentlich ist, der für uns ja nur eine optische Bedeutung hat: Licht und Schatten, das sind unsere Begriffe – hier aber, in diesem waldlosen, heißen Lande, ist Schatten quasi ein existentieller Begriff, die Voraussetzung des Lebens schlechthin.

Der Apotheker, den wir heute mittag in Granada, nachdem wir ein Weilchen mit ihm geschwätzt hatten, nach einem geeigneten Restaurant fragten, erklärte sich liebenswürdigerweise sofort bereit, uns persönlich den Weg zu zeigen. Als wir ihn dann an Ort und Stelle unsererseits auf einen Drink einluden und daraus dann eine ganze Reihe Drinks wurden, erhob sich am Schluß zwischen ihm und dem männlichen Teil unserer Reisegesellschaft ein ferventer Kampf um die Rechnung.

Schließlich ging der Apotheker im Bunde mit dem Kellner, trotz allseitigen Protestes, als Sieger aus dem Streit hervor, wenn man es als einen Sieg bezeichnen will, daß er die Zeche von vier Fremden bezahlen mußte. Aber so ist es in Spanien: der Fremde ist Gast, und Gastsein ist, wie in orientalischen Ländern, eine geheiligte Angelegenheit. Tags zuvor hatte uns ein Bauer, dessen Anwesen wir gar nicht bemerkt hatten, weil es so klein in einer Falte des Hügels versteckt lag, auf dem wir Mittagsrast hielten, zu einem Glas Wein in seine Hütte eingeladen, und diese Hütte war, wie alle Häuser, Dörfer und Städte in Spanien, von phantastischer Sauberkeit.

Viele Wesenszüge dieses Volkes sind nur aus dem jahrhundertelangen Einfluß des Orients erklärlich. Das wird einem vor allem hier im Süden klar, wo die Menschen übrigens viel heiterer, weniger distanziert und rascher in ihren Reaktionen sind. Zeitbegriffe in unserem Sinne gibt es nicht; alles dauert unendlich lange; man wartet auf alles, auf den, mit dem man sich zu einer bestimmten Stunde verabredet hat, auf die Rechnung im Restaurant, auf die Erfüllung von Versprechen, die mit größter Liebenswürdigkeit und Bereitwilligkeit gegeben werden. Ich traf unterwegs einen Engländer, dessen Firma im Auftrage der spanischen Regierung ein großes industrielles Werk aufbauen soll – er war im November 1949 für acht Tage gekommen, um die geschäftlichen Voraussetzungen zu klären, hatte aber zu seiner fassungslosen Verwunderung dies bis zum heutigen Tag noch nicht zuwege gebracht. Mañana – morgen, heißt die Devise.

In Granada und Cordóba wirft man zum erstenmal einen Blick in die Welt der maurischen Kultur und bekommt einen Eindruck von der unglaublich raffinierten Zivilisation, die die Araber nach Spanien gebracht haben und zu der man sich die versunkene, damals hochentwickelte geistige und wissenschaftliche Atmosphäre dieser Hofhaltungen vorstellen muß. Die berühmtesten arabischen Schriftsteller, Dichter und Gelehrten jener Zeit lebten am Hof der verschiedenen islamischen Dynastien, die in Granada regierten, nachdem das Kalifat von Córdoba Mitte des dreizehnten Jahrhunderts gestürzt war. Bis zu diesem Zeitpunkt war seit dem Einbruch der Araber in Spanien, Anfang des achten Jahrhunderts, Córdoba 500 Jahre lang eine der reichsten und glänzendsten Städte Europas, in der die Gebildeten aller abendländischen Völker studierten.

Wenn man heute Córdoba, diese provinzielle Kleinstadt, sieht, kann man sich zunächst gar nicht vorstellen, daß sie vor 700 Jahren eine Million Einwohner hatte und eines der wichtigsten Kulturzentren des islamischen Weltreiches war. Wenn man allerdings dann die große, tausendjährige Moschee betritt und plötzlich in einem Wald von acht- oder neunhundert Säulen steht, ergreift einen wohl der geheimnisvolle Schauer vergangener Größe. Und erst die Alhambra in Granada, diese phantastisch anmutende Anlage von Mauern, Türmen, Burg und zierlichen Palästen, mit rinnenden Brunnen, schattigen Höfen und kleinen stillen Gärten!

Sie rührt einen ehrfürchtig an, diese Welt mit ihren ganz anderen Raumbegriffen, ihrer Freude am Detail und am Ornament; aber man begreift sie nicht ganz. Man versteht nur mit einemmal, daß sie das Faszinierende und Fremde ausmacht, was uns auf Schritt und Tritt in Spanien begegnet. Überall in der ganzen spanischen Architektur ist der arabische Einfluß zu spüren: hier ein orientalisches Fensterkreuz oder eine maureske Säule in irgendeiner gotischen Kathedrale, oder arabische Ornamente an einer barocken Fassade. Alles ist in Spanien etwas anders als im übrigen Europa: die Gotik, die Renaissance und letzten Endes auch die Architektur des Staates.

Es kann einem himmelangst werden bei dem Gedanken, daß die Amerikaner diesen Bau neu durchkonstruieren wollen nach ihrem Schema, das hier keine Tragfähigkeit besitzt, und daß sie nicht bemerken, wie sie aus Gründen der demokratischen Etikette das Gespenst des Kommunismus und der Anarchie wieder heraufbeschwören.

Juni 1950

Wolken, Wasser, neuer Kontinent
Flug nach New York

Fast hätte meine Reise in die USA schon auf dem Flugplatz in Frankfurt ihr Ende gefunden. Ich hatte alle Papiere wohlverwahrt, den Paß, die Devisenerklärung, den Impfschein, das Flugbillett, die Travellerschecks und das Begleitschreiben, das einen fehlenden Stempel im Visum ersetzt. Bei der Abfertigung wurden Flugschein und Paß noch einmal kontrolliert, und dabei war der Flugschein auf rätselhafte Weise verschwunden.

Der Beamte schwor, er habe ihn mir wiedergegeben, und obgleich ich genau wußte, daß dies nicht der Fall war, begann ich, sämtliche Taschen zu durchsuchen. Vergeblich. Völlige Ratlosigkeit allerseits, und nur noch zwölf Minuten bis zum Start … Letzter Verzweiflungscoup: Ich schoß auf eine alte Amerikanerin zu, die vor mir abgefertigt worden war, und verlangte, ihre Brieftasche zu sehen. Erstaunt und willenlos ließ sie zu, daß ich meinen Flugschein aus ihrer Brieftasche zog; sie sah mich fassungslos an und hielt mich wohl für eine Art Zauberkünstler, der zur Belustigung des Publikums allerlei Kunststücke machte, während mir wirklich nicht nach Possen zumute war und ich erschöpft zum Flugzeug taumelte.

Es war sechs Uhr abends, als die riesige *Constellation,* die im Scheinwerferlicht aussah wie ein geheimnisvolles, auf der Lauer liegendes Ungeheuer aus der Stratosphäre, donnernd über die nasse, dunkle Rollbahn sauste und sich in die Luft erhob. Es war die längste

Nacht, die ich je erlebt habe; als meine Uhr mit der Hamburger Zeit am nächsten Morgen elf Uhr zeigte (wir hatten gerade Neufundland erreicht), war es noch vollkommen finster. Und erst mittags um 12.30 Uhr ging nach Hamburger Zeit die Sonne auf. Doch dies greift den Ereignissen dieser Nacht voraus.

Zunächst die erste Station: London bei Nacht. Wohl zehn Minuten lang flogen wir über eine mit Millionen Lichtern besäte, unendliche Fläche. An manchen Stellen verdichteten sich die Lichter zu besonderem Glanz, wie auf dem Hamburger »Domfest«. Plötzlich stießen wir hinunter auf die Erde, und das Lichter-Märchen war erloschen: 45 Minuten Aufenthalt in London; ein nasser, großer, dunkler Platz mit mageren roten, gelben und blauen Lampen. Ein Restaurant mit Bar und Zeitungsstand; eine Halle mit vielen Büros und mit wartenden Passagieren, die sich in kleinen Gruppen erheben, wenn ein knarrender Lautsprecher den Start der Maschinen nach Paris, Amsterdam oder Schottland ansagt.

Und ähnlich die Atmosphäre auch nach der nächsten Landung: 45 Minuten Shannon, an der Westküste Irlands. Wieder eine Halle und ein Restaurant; die gleichen Flaschen stehen in der Bar, die gleichen Zeitungen liegen im Stand; wieder wartende Passagiere; Büros, Geschäftigkeit. Es gibt einen einzigen Unterschied: In Irland ist das Personal, das sich um unser Wohlergehen kümmert, grün gekleidet, in England dunkelblau und in unserer amerikanischen Maschine hellblau.

Neun Stunden später Landung in Neufundland. Der Platz ist spiegelblank vereist, große Schneewälle sind aufgeschaufelt. Die Leute, die sich auf die Maschine stürzen, um sie zu säubern und vollzutanken, haben riesige Pelzmützen auf. Doch die Halle mit Restaurant und allem Zubehör an Bürokratie und technischem Fortschritt ist wieder die gleiche.

Es ist merkwürdig, wie die moderne Technik über die uns vertraute Welt mit ihrer Mannigfaltigkeit an Staatsgebilden, Völkern, Sprachen und Nuancen ein Netz im sphärischen Raum gespannt hat, das von der Vielfalt dieses Lebens gar nichts weiß. Ob man dort unten mit Ochsen pflügt oder mit Traktoren, ob die Menschen demokratisch oder autoritär regiert werden, das ist von der Perspektive des Flugzeuges aus völlig belanglos. Man ist von allem gleich weit entfernt und steht außerhalb des Lebens; die Landschaft ist nur noch eine Landkarte, und die Punkte, an denen man die Erde berührt, die Flugplätze, sind sich alle gleich.

Die T.W.A., die *Trans-World Airline,* der unsere Maschine gehört, hat jedem Passagier eine Karte und den Flugplan auf den Platz gelegt. Daraus ist zu entnehmen, daß man mit dieser Linie von New York nach London, Paris, Frankfurt, Zürich, Madrid, Algier, Rom, Budapest, Kairo, Tel Aviv und Bombay reisen kann. Dabei zeigen kleine Bilder auf der Karte an, was einen jeweils in diesen Ländern erwartet. Für Paris steht der *Arc de Triomphe,* für Deutschland ein Bayer in Lederhosen mit Bierseidel, für Ungarn ein heiteres Bauernpaar in anmutiger Tracht, für die Polen tanzt ein Paar mit hohen Pelzmützen Krakowiak, und stellvertretend für die baltischen Staaten braust ein elegantes Schlittengefährt über die weite Ebene.

Ob sich die anderen Passagiere auch vorkommen, als seien sie Teil eines Mädchenpensionats, das von einem liebenswürdig strengen Lehrer beaufsichtigt und beschäftigt wird? Vor jeder Zwischenlandung müssen wir einen Fragebogen ausfüllen und im einzelnen angeben, wo jeder die letzten 16 Nächte verbracht hat und wohin er zu reisen beabsichtigt. Dann werden wir alle in geschlossenem Verband heraus- und in die Wartehalle hineingeführt; die Fragebogen werden eingesammelt, und nach einer halben Stunde geht es im Gänsemarsch zurück zum Flugzeug; und sogleich werden die neuen Fragebogen für den nächsten Stopp ausgefüllt.

Dankbar war ich unserem Herrn Lehrer, dem ein reizendes, hilfreiches junges Mädchen assistierte, als nach einem vorzüglichen Abendessen das Licht gelöscht wurde und die meisten Mitreisenden – es war nur etwa ein Drittel der Plätze besetzt – sehr bald in Schlaf verfielen. So verschliefen sie den wirklich aufregenden Teil der Reise, den Flug über den Ozean.

Wir flogen in 4 000 Meter Höhe über einem brodelnden Wolkenmeer, das vom Vollmond gespenstisch beleuchtet wurde. Weltweite Einsamkeit; auf Hunderte und Tausende von Kilometern nur Wasser und Wolken. Kein Lebewesen, keine Vergangenheit und keine Zukunft existieren in diesem geschichtslosen Raum, den unser Stahlvogel mit gleichmäßig surrenden Motoren in unbewegtem Flug durchzog. Fast neun Stunden mit 450 km Geschwindigkeit.

Und als dann am nächsten Tag die Sonne aufging und, in graugrünliche Sepiafarbe getaucht, Neufundland, Teil des neuen Kontinents, unter uns lag – »wüst und leer«, wie es in der Bibel heißt –, da glaubte man nach dem großen Nichts der letzten Stunden den zweiten Tag der Schöpfung mitzuerleben, wo die Wasser sich sammelten und sich vom Trocknen schieden.

Stunde um Stunde nur dunkles Land mit zahllosen Seen, Wasserlöchern und flußartigen Gebilden. Und Hunderte von Kilometern keine einzige Siedlung, nur Einsamkeit. Und dann schließlich Städte, eine belebte Küste. Klarer Himmel, Sonne, ein leiser Frühlingshauch in der Luft; in der Ferne ahnt man Konturen von Wolkenkratzern in bläulichen Dunst getaucht – New York.

Februar 1951

Marion Gräfin Dönhoff

Kindheit in Ostpreußen

230 Seiten, 41 Abbildungen, Leinen

Ein Vierteljahrhundert nach ihrem legendären Fluchtbericht »Namen, die keiner mehr nennt« läßt Marion Gräfin Dönhoff die Welt aus dem Gedächtnis aufsteigen, aus der sie damals, im Frühjahr 1945, vor den russischen Panzern in den Westen ritt.
Marion Dönhoff erzählt in »Kindheit in Ostpreußen« von Schloß Friedrichstein, dem grandiosen Sitz des Geschlechts, den Jan de Both, der Baumeister des Berliner Zeughauses, für ihre Familie errichtete und in dem die Dönhoffs seit Jahrhunderten zu Hause waren.
Schemenhaft steigt das Bild des früh verstorbenen Vaters auf, dem man, seiner schlechten Augen wegen, immer die Zeitung vorlesen mußte; deutlicher werden die Geschwister und die Verwandten, aber auch die alten Diener, die Erzieherinnen, die Köchinnen und Kutscher.
So steigt nicht nur das Leben der »Herrschaft« aus dem Dunkel auf, sondern auch der Kosmos eines großen Adelssitzes inmitten der ostpreußischen Landschaft, der unendlichen Wälder und unzähligen Seen, die Marion Dönhoff mit der Sehnsucht der Sicherinnernden beschwört.

Siedler Verlag

Marion Gräfin Dönhoff

›Um der Ehre willen‹

Erinnerungen an die Freunde vom 20. Juli

192 Seiten, Abbildungen, Leinen

Dies ist ein einzigartiges Buch. Dutzende von Bänden haben den deutschen Widerstand und den zum Staatsstreich entschlossenen »Aufstand des Gewissens« zu beschreiben gesucht. In der Tat hat es das ja in der neueren Geschichte noch nicht gegeben: daß höchste Diplomaten, führende Militärs, Geistliche beider Konfessionen und Arbeiterführer sich zusammenfinden, um mitten im Krieg die eigene Staatsführung durch ein Attentat zu beseitigen. Mit Sicherheit wird das tragische Dilemma, in dem sich die deutsche Opposition befand, noch weitere Generationen von Historikern beschäftigen.

Marion Gräfin Dönhoffs Buch über die Freunde vom 20. Juli wird dennoch ein unvergleichliches Dokument bleiben. Die junge Marion Dönhoff, die schon in den dreißiger Jahren in der Schweiz bei Edgar Salin studiert hatte, um dem Klima des Dritten Reiches zu entgehen, war einbezogen in die Entwicklung, die zum 20. Juli führte. Sie zeichnet hier Bilder der Freunde, die ihr besonders nahe standen und mit denen sie über viele Jahre verbunden gewesen ist.

So sind diese Erinnerungen Marion Dönhoffs Geschichtsschreibung und persönliches Zeugnis zugleich.

Siedler Verlag

Marion Gräfin Dönhoff

Bilder, die langsam verblassen

Bild-Text-Band, 192 Seiten, Großformat,
40 farbige und 50 s/w-Abbildungen, Leinen

Drei Kapitel aus Marion Dönhoffs legendärem Band »Namen, die keiner mehr nennt« und der Text von »Kindheit in Ostpreußen« werden hier zu einem reichbebilderten Band zusammengefügt. Es entsteht nicht nur der schönste Bild- und Textband, der das untergegangene Ostpreußen beschwört – es ist auch ein Denkmal für seine Menschen.

Marion Gräfin Dönhoff hat mit ihren Büchern einen neuen Typus von Memoiren geschaffen: Nicht so sehr das eigene Leben, Kindheit und Jugend auf dem jahrhundertealten Familiensitz stehen im Vordergrund, sondern die untergegangene Welt, von der sie Abschied nimmt und die sie im Gedächtnis aufbewahrt für immer.

Siedler Verlag

Die Deutsche Bibliothek – CIP-Einheitsaufnahme

Gräfin Dönhoff, Marion:
Der Effendi wünscht zu beten.
Reisen in die vergangene Fremde /
Marion Gräfin Dönhoff – Berlin: Siedler, 1998
ISBN 3-88680-647-2

© 1998 by Wolf Jobst Siedler Verlag GmbH, Berlin

Der Siedler Verlag
ist ein Unternehmen der Verlagsgruppe Bertelsmann.

Alle Rechte vorbehalten,
auch das der fotomechanischen Wiedergabe.
Die Abbildungen entstammen dem Archiv der Autorin.
Schutzumschlag:
Brigitte und Hans Peter Willberg, Eppstein
Satz: Bongé + Partner, Berlin
Druck und Buchbinder: Spiegel Buch, Ulm
Printed in Germany 1998
ISBN 3-88680-647-2
Erste Auflage